머리말

문해력은 축구에서 발로 공을 차는 것

　초등 교육에서 가장 기본적으로 길러야 하는 능력 중 하나가 문해력이에요. 문해력은 평생 교육을 좌우한다고 할 만큼 중요하답니다.

　문해력은 글을 읽고 이해하는 능력이에요. 글을 읽을 때는, 중심이 되는 주제가 무엇인지, 이야기가 어떻게 전개됐는지, 이야기하는 바가 무엇인지를 제대로 이해할 수 있어야 해요. 그래야 지혜와 지식을 얻고, 방법을 알고, 내일을 향한 길을 열어 갈 수 있답니다.

　문해력을 축구와 비교해 볼까요?

　축구는 기본적으로 발로 공을 차서 점수를 내는 운동 경기예요. 드리블, 패스, 센터링, 슈팅, 헤딩 등 여러 가지 기술을 익혀야 하지요. 하지만 발로 공을 못 찬다면 아무리 다른 기술이 뛰어나도 훌륭한 축구 선수가 될 수 없어요. 이때 '발로 공을 차는 행위'가 바로 '문해력'이라고 할 수 있어요. 무엇보다 먼저 발로 공을 찰 수 있어야 패스를 하고, 드리블을 하고, 슈팅을 할 수 있답니다.

　문해력은 반드시 초등 저학년 때 기초를 길러야 해요. 축구 선수가 되려면 어려서부터 차근차근 단계를 밟아 체력을 기르고, 기본기를 갈고닦고, 여러 가

지 기술을 익히는 것처럼요. 그런 다음에야 세계 최고의 선수들이 모여드는 빅리그에 진출할 수 있지요.

　이와 마찬가지로 초등 저학년 때 문해력을 탄탄히 길러야 읽고 말하고 듣고 쓰는 능력은 물론, 고학년을 대비한 학습 능력을 키울 수 있어요. 그리고 더 나아가 자기 생각을 논리적으로 정리하고, 다른 사람들과 소통하는 능력도 키울 수 있답니다.

　이 책에서는 45가지 주제의 글을 읽으면서 문해력을 키우는 연습을 할 수 있어요. 글이 어렵지 않기 때문에 누구의 도움 없이 스스로 학습할 수 있지요. 하루에 한 장씩 풀어 가다 보면 글을 읽고 이해하는 힘이 부쩍 늘어나는 것을 확인할 수 있을 거예요.

　문해력이 뛰어나면 학습 효과를 최대로 끌어올릴 수 있어요. 그 성과를 바탕으로 여러분이 꿈꾸는 빅리그를 향해 앞으로 나아가기 바랍니다.

목차

머리말 · 4

이 책의 활용법 · 8

과학

01 물체와 물질은 같은 말인가요? · 10
02 물은 액체인가요, 고체인가요? · 12
03 신데렐라의 혼합물 분리 · 14
04 거울은 어떻게 우리를 비추나요? · 16
05 배는 왜 물에 뜰까요? · 18
06 피자는 왜 동그랗게 만들까요? · 20
07 빛과 그림자 · 22
08 쇠가 척척 달라붙는 자석 · 24
09 소리는 어떻게 전달되나요? · 26

쑥쑥쑥쑥 문해력 완성 1 **자기소개 하기** · 28

지구

10 바람은 왜 부나요? · 30
11 비는 왜 내릴까요? · 32
12 하늘과 바다는 왜 파란가요? · 34
13 천둥과 번개는 어떻게 생기나요? · 36
14 무지개는 어떻게 생기나요? · 38
15 노을은 왜 생기나요? · 40
16 공룡은 다 어디로 갔을까요? · 42
17 바닷물은 왜 짠가요? · 44

쑥쑥쑥쑥 문해력 완성 2 **비슷한말, 반대말** · 46

수학

18 아라비아숫자와 10진법 · 48
19 당나귀와 탈레스 · 50
20 홀수와 짝수, 그리고 자연수 · 52
21 0을 0으로 나눌 수 있나요? · 54
22 가장 안정된 도형, 삼각형 · 56
23 기찻길은 평행선인가요? · 58

쑥쑥쑥쑥 문해력 완성 3 **동물 그림 알아맞히기** · 60

24 들이와 무게의 단위 · 62
25 분수로 재산을 나눈 노인 · 64

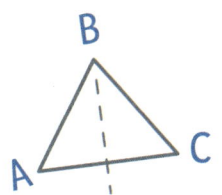

26 일주일은 왜 7일인가요? · 66
27 천 리 길도 한 걸음부터! · 68
28 똑딱똑딱 시간과 시각 · 70
29 이상과 이하, 초과와 미만 · 72
쑥쑥쑥쑥 문해력 완성 4 **접속사** · 74

동식물

30 나무와 풀은 어떻게 다른가요? · 76
31 나뭇잎은 왜 색깔이 바뀔까요? · 78
32 달걀은 왜 타원형일까요? · 80
33 나무의 나이를 알려 주는 나이테 · 82
34 선인장 가시의 비밀 · 84
쑥쑥쑥쑥 문해력 완성 5 **낱말 퍼즐** · 86
35 앞다리가 쑥! 뒷다리가 쑥! · 88
36 곤충은 어떻게 모습이 변할까요? · 90
37 손오공의 모델이 된 황금원숭이 · 92
38 철새는 어떻게 이동하나요? · 94
39 난생과 태생 · 96

쑥쑥쑥쑥 문해력 완성 6 **낱말 색칠하기** · 98

인체

40 피는 왜 빨간색인가요? · 100
41 심장은 1분에 몇 번 뛰나요? · 102

우주

42 낮과 밤은 왜 생기나요? · 104
43 지구의 둘레를 도는 달 · 106
44 계절은 왜 바뀌나요? · 108
45 별은 왜 반짝거리나요? · 110
쑥쑥쑥쑥 문해력 완성 7 **사칙 연산 퍼즐** · 112

정답 · 114

이 책의 활용법

《쏙쏙 문해력 퀴즈》는 다양한 글을 읽으면서 낱말의 의미와 문맥을 이해하고, 주제를 파악하는 연습을 통해 문해력을 기를 수 있도록 구성한 책입니다. 2권에서는 과학, 지구, 수학, 동식물, 인체, 우주 등 6개의 주제를 다루고 있습니다.

읽어 보아요

왼쪽에는 주제글이, 오른쪽에는 주제글을 읽고 풀어 보는 퀴즈가 실려 있어요. 주제글의 핵심 단어는 굵은 서체로 표기했고 낱말 풀이가 필요한 단어는 색깔로 표시했어요.

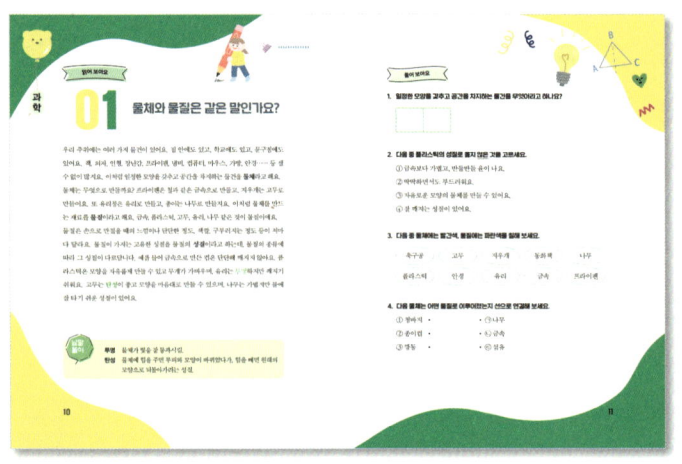

어려운 단어가 나오면 낱말 풀이를 참고하세요!

쑥쑥 쏙쏙 문해력 완성

쉬어 가는 코너예요. 어휘력을 활용해서 낱말 퍼즐이나 끝말잇기, 그림으로 알아보는 속담 등의 퀴즈를 풀어 보세요. 재미있고 흥미진진할 거예요.

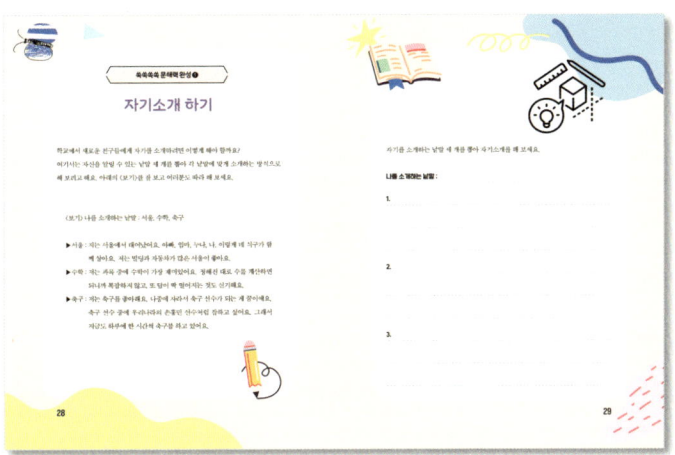

정답

뒤쪽에는 정답이 실려 있어요. 금방 답이 나오지 않는다고 정답부터 보면 안 되겠지요? 그럴 땐 주제글을 다시 한 번 천천히 읽어 보세요.

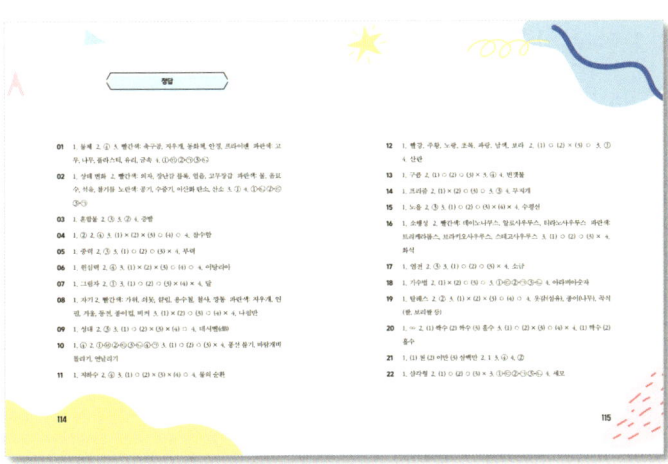

> 읽어 보아요

과학

01 물체와 물질은 같은 말인가요?

우리 주위에는 여러 가지 물건이 있어요. 집 안에도 있고, 학교에도 있고, 문구점에도 있어요. 책, 의자, 인형, 장난감, 프라이팬, 냄비, 컴퓨터, 마우스, 가방, 안경 등 셀 수 없이 많지요. 이처럼 일정한 모양을 갖추고 공간을 차지하는 물건을 **물체**라고 해요.

물체는 무엇으로 만들까요? 프라이팬은 철과 같은 금속으로 만들고, 지우개는 고무로 만들어요. 또 유리창은 유리로 만들고, 종이는 나무로 만들지요. 이처럼 물체를 만드는 재료를 **물질**이라고 해요. 금속, 플라스틱, 고무, 유리, 나무 같은 것이 물질이에요.

물질은 손으로 만졌을 때의 느낌이나 단단한 정도, 색깔, 구부러지는 정도 등이 저마다 달라요. 물질이 가지는 고유한 성질을 물질의 **성질**이라고 하는데, 물질의 종류에 따라 그 성질이 다르답니다. 예를 들어 금속으로 만든 컵은 단단해 깨지지 않아요. 플라스틱은 모양을 자유롭게 만들 수 있고 무게가 가벼우며, 유리는 **투명**하지만 깨지기 쉬워요. 고무는 **탄성**이 좋고 모양을 마음대로 만들 수 있으며, 나무는 가볍지만 불에 잘 타기 쉬운 성질이 있어요.

낱말 풀이

투명 물체가 빛을 잘 통과시킴.
탄성 물체에 힘을 주면 부피와 모양이 바뀌었다가, 힘을 빼면 원래의 모양으로 되돌아가려는 성질.

 풀어 보아요

1. 일정한 모양을 갖추고 공간을 차지하는 물건을 무엇이라고 하나요?

2. 다음 중 플라스틱의 성질로 옳지 <u>않은</u> 것을 고르세요.

   ① 금속보다 가볍고, 반들반들 윤이 나요.

   ② 딱딱하면서도 부드러워요.

   ③ 자유로운 모양의 물체를 만들 수 있어요.

   ④ 잘 깨지는 성질이 있어요.

3. 다음 중 물체에는 빨간색, 물질에는 파란색을 칠해 보세요.

   축구공   고무   지우개   동화책   나무

   플라스틱   안경   유리   금속   프라이팬

4. 다음 물체는 어떤 물질로 이루어졌는지 선으로 연결해 보세요.

   ① 청바지 •   • ㉠ 나무

   ② 종이컵 •   • ㉡ 금속

   ③ 깡통   •   • ㉢ 섬유

> 읽어 보아요

02 물은 액체인가요, 고체인가요?

대부분의 물체는 **고체**, **액체**, **기체**의 상태로 존재해요. 나무와 소금, 돌 같은 고체는 눈에 잘 보이고, 모양과 **부피**가 변하지 않아 쉽게 잡을 수 있어요. 물과 식초, 식용유 같은 액체는 눈에 잘 보이지만 흐르는 성질이 있어서 손으로 잡을 수 없어요. 또 담는 그릇에 따라 모양이 변하지만 부피는 일정해요. 공기와 수소, 산소, **수증기** 같은 기체는 눈에 보이지 않으며, 모양과 부피가 일정하지 않아 그릇에 담기가 어려워요.

이처럼 물체들은 고체, 액체, 기체의 상태지만 경우에 따라 한 가지 물질이 고체와 액체와 기체로 존재하기도 해요. 바로 물이 그런 물질이에요. 물은 영하의 온도에서 고체인 얼음이 돼요. 물이 얼면 무게는 변하지 않지만 부피는 늘어나요. 그래서 페트병에 물을 넣어 냉동실에서 얼리면 페트병이 부푸는 것을 볼 수 있어요.

또 물을 주전자에 넣고 100℃ 이상으로 끓이면 수증기가 발생해요. 수증기는 물이 기체로 변한 것이에요. 이처럼 액체인 물이 고체나 기체로도 변할 수 있는데, 이것을 물의 **상태 변화**라고 해요.

> 낱말풀이
>
> **부피** 입체가 공간에서 차지하는 크기.
> **수증기** 기체 상태로 되어 있는 물.

> 풀어 보아요

1. 다음 밑줄에 들어갈 알맞은 말을 써 넣으세요.

   물을 뜨겁게 가열하거나 차갑게 냉각시킬 때 고체, 액체, 기체 상태 사이에서 변화가 일어나는데, 이런 변화를 물의 _____ 라고 해요.

2. 다음 중 고체에는 빨간색, 액체에는 파란색, 기체에는 노란색을 칠해 보세요.

   의자 물 공기 장난감 블록
   수증기 얼음 음료수 이산화 탄소
   석유 산소 참기름 고무장갑

3. 고체, 액체, 기체에 대한 설명으로 옳지 <u>않은</u> 것을 고르세요.

   ① 고체는 눈에 잘 보이며, 모양과 부피가 쉽게 변해요.
   ② 액체는 눈에 잘 보이지만 흘러내려 손으로 잡을 수 없어요.
   ③ 기체는 모양과 부피가 일정하지 않아 그릇에 옮겨 담기가 어려워요.
   ④ 한 가지 물질이 고체, 액체, 기체 상태로 존재하기도 해요.

4. 물의 세 가지 상태에 대한 특징을 각각 선으로 연결해 보세요.

   ① 얼음 •   • ㉠ 눈에 보이지 않는 기체예요.
   ② 물   •   • ㉡ 모양이 일정하고, 차갑고 단단한 고체예요.
   ③ 수증기 • • ㉢ 담는 그릇에 따라 모양이 변하는 액체예요.

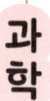

읽어 보아요

03 신데렐라의 혼합물 분리

과학

요정의 마법 덕분에 왕자님을 만난 신데렐라를 알고 있지요? 신데렐라는 새어머니와 의붓언니의 구박을 받으며 온갖 집안일을 혼자 해야 했어요. 새어머니는 의붓언니와 외출하면서 신데렐라에게 일을 시켰어요.

"콩하고 쌀하고 소금이 섞여 있는 혼합물을 따로따로 분리해 놔라!"

신데렐라는 눈물을 글썽거렸어요. 그러다가 문득 좋은 생각이 떠올랐어요.

"그래! 물질의 성질을 이용하면 분리할 수 있을 거야."

신데렐라는 먼저 체를 가져와 혼합물을 넣고 걸렀어요. 그러자 알갱이가 큰 콩만 남고 쌀과 소금은 아래로 빠져나갔어요. 이번에는 쌀과 소금의 혼합물이 든 그릇에 물을 붓고 살살 저었어요. 소금이 물에 녹는 성질을 이용해 분리하려 한 거예요. 소금이 물에 녹자, 소금물을 냄비에 따라 냈어요. 그릇에는 쌀만 남았지요.

"냄비에 담긴 소금물은 햇볕에 두면 물이 증발해 소금이 다시 생길 거야."

이렇게 혼합물 분리를 끝낸 신데렐라는 콧노래를 불렀답니다.

낱말 풀이

혼합물 두 가지 이상의 물질이 각각의 성질을 잃지 않은 채 뒤섞여 있는 것.
체 가루를 곱게 치거나 거르는 데 쓰는 기구.
증발 어떤 물질이 액체에서 기체로 변함.

풀어 보아요

1. 둘 이상의 물질이 본래의 성질을 잃지 않고 섞여 있는 물질을 무엇이라고 하나요?

2. 신데렐라는 혼합물을 분리할 때 먼저 체를 사용해 콩을 분리해 냈어요. 어떤 체를 사용했을까요?

   ① 체의 구멍 크기가 쌀과 소금보다 작은 체
   ② 체의 구멍 크기가 콩과 쌀보다 큰 체
   ③ 체의 구멍 크기가 콩보다 작고 쌀보다 큰 체
   ④ 체의 구멍 크기가 쌀보다 작고 소금보다 큰 체

3. 크기가 콩만 하여 구분이 잘 안 되는 쇠구슬과 콩이 섞여 있는 혼합물을 빠른 시간 안에 분리하려 해요. 어떤 방법을 이용하면 쉽게 분리할 수 있을까요?

   ① 눈으로 보고 하나하나 골라내요.
   ② 자석을 이용해 쇠구슬을 분리해 내요.
   ③ 체에 넣고 알갱이가 작은 것들을 걸러 내요.
   ④ 저울에 하나씩 무게를 달아 가벼운 콩을 골라내요.

4. 다음 글을 잘 읽고 밑줄에 들어갈 알맞은 말을 써 넣으세요.

   가스레인지를 켜고 냄비에 물을 올려놓으면 물이 수증기로 변하는 _____ 현상을 볼 수 있어요. 액체 표면에서 입자가 공기 중으로 나와 기체가 되는 현상이지요. 액체가 기체 상태가 되는 끓음과 달리, 이 현상은 끓는점보다 낮은 온도에서 일어나요.

> 읽어 보아요

04 거울은 어떻게 우리를 비추나요?

우리가 물체를 볼 수 있는 것은 빛이 있기 때문이에요. 물체가 반사한 빛이 우리 눈에 들어와 물체를 볼 수 있지요. 표면이 매끄러운 물체는 빛을 일정한 방향으로 반사해 모습이 잘 비쳐요. 하지만 표면이 매끄럽지 않은 물체는 빛을 여러 방향으로 반사해 모습이 잘 비치지 않아요. 이러한 성질을 이용해 만든 것이 거울이에요.

거울은 표면이 평평한 유리판 뒷면에 은이나 **알루미늄**, **아말감** 같은 광택이 있는 금속을 씌워 만들어요. 옛날에는 구리나 돌을 매끄럽게 갈아서 거울을 만들었는데, 지금은 보통 유리 뒤쪽에 아말감을 발라 만들어요. 거울 앞에 서면 우리 몸에서 반사된 빛이 거울 앞부분의 유리를 통과한 다음 아말감 등을 씌운 거울 뒷면에 부딪혀 반사되어 우리 눈에 들어오게 된답니다.

투명한 유리는 빛을 반사하지 않고 그대로 통과시키기 때문에 물체의 모습이 비치지 않아요. 우리는 거울 뒷면에 반사되어 돌아온 모습을 보기 때문에 거울에 비치는 모습은 원래 모습과 비교해 보면 왼쪽과 오른쪽이 바뀌어 보여요.

아말감 수은과 다른 금속을 합해 만든 물질.

> 풀어 보아요

1. 다음 밑줄에 들어갈 알맞은 말은 무엇일까요?

   > 거울은 _____ 을(를) 이용해 물체의 모습을 비추는 도구예요.

   ① 빛의 직진 ② 빛의 반사
   ③ 빛의 굴절 ④ 빛의 산란

2. 아주 옛날에는 거울을 어떻게 만들었을까요?

   ① 유리 성분을 불에 녹여 납작하게 만들었어요.
   ② 나무를 쪼개 반들반들 문질러서 만들었어요.
   ③ 흙을 불에 구워 평평하게 만들었어요.
   ④ 구리나 돌을 갈아서 만들었어요.

3. 거울에 대한 설명으로 맞으면 O, 틀리면 × 표시를 하세요.

   (1) 울퉁불퉁한 물체가 빛을 여러 방향으로 반사하는 성질을 이용한 거예요. (   )
   (2) 평평한 유리판 뒷면에 광택이 없는 액체를 발라서 만들어요. (   )
   (3) 물체에 반사된 빛이 거울 뒷면에 부딪혀 반사되어 돌아오는 거예요. (   )
   (4) 거울에 비치는 모습은 왼쪽과 오른쪽이 바뀌어 보여요. (   )

4. 다음 글의 밑줄에 들어갈 알맞은 말을 써 넣으세요.

   > 잠망경은 _____ 안에서 밖을 볼 수 있게 만든 망원경이에요. 두 개의 거울을 통 안에 넣어서 밖에 있는 물체가 거울을 통해 반사되게 만들었지요.

과학

읽어 보아요

05 배는 왜 물에 뜰까요?

바다에 떠 있는 커다란 배를 보면 어떻게 저렇게 거대한 물체가 물에 가라앉지 않고 떠 있는지 신기하지 않나요? 배는 어떤 힘으로 물에 떠 있는 걸까요?

그 힘이 무엇인지 알려면 먼저 **중력**에 대해 알아야 해요. 중력은 지구 위의 물체가 지구로부터 받는 힘이에요. 중력이 있기 때문에 지구는 지구 위의 모든 물체를 지구의 중심 방향으로 끌어당겨요. 바닷물도 배도 중력의 영향을 받지요.

그런데 우리가 수영장에서 물에 몸을 담그면 물속에서 우리 몸을 띄우려는 힘이 작용한다는 것을 느낄 수 있어요. 물의 **압력**이 우리 몸에 작용해 물에 뜨도록 힘을 가하는 것이지요. 이처럼 기체나 액체 속에 있는 물체가 위로 뜨려는 힘을 **부력**이라고 해요. 부력은 수면 아래로 가라앉은 물체의 부피만 한 물의 무게와 같아요. 따라서 수면 아래 물체의 부피가 클수록 부력이 커져요.

커다란 배가 물에 뜰 수 있는 것은 중력의 힘보다 부력이 크기 때문이에요. 어떤 물체가 물에 잠기면 잠긴 공간만큼의 물을 밀어내게 되고, 밀어낸 물의 무게에 해당하는 크기의 부력이 생기게 된다는 원리는 고대 그리스 과학자인 **아르키메데스**가 밝혀냈어요. 이것을 '아르키메데스의 법칙'이라고 해요.

압력 일정한 면적에 수직으로 작용하는 힘.

1. 지구 위의 물체가 지구로부터 받는 힘을 무엇이라고 하나요?

2. 어떤 물체가 물에 잠기면 잠긴 공간만큼의 물을 밀어내게 되고, 밀어낸 물의 무게에 해당하는 크기의 부력이 생긴다는 것을 밝혀낸 과학자는 누구인가요?

   ① 소크라테스　　　　　　　　② 탈레스
   ③ 아르키메데스　　　　　　　④ 피타고라스

3. 부력에 대한 설명으로 맞으면 O, 틀리면 X 표시를 하세요.

   (1) 부력은 기체나 액체 속에 있는 물체가 위로 뜨려는 힘이에요. (　　)
   (2) 부력은 수면 아래로 가라앉은 물체의 부피만 한 물의 무게와 같아요. (　　)
   (3) 수면 아래의 물체의 부피가 클수록 부력이 작아져요. (　　)

4. 다음 글의 밑줄에 들어갈 알맞은 말을 써 넣으세요.

   > 물속에서는 중력과 반대 방향으로 물이 물체를 밀어 올리는 힘이 생겨 물체의 무게가 가벼워져요. 이 힘을 _____ 이라고 해요. 이 힘이 물에 잠긴 물체의 무게보다 작으면 물체가 가라앉고, 같거나 크면 물에 뜬답니다.

> 읽어 보아요

06 피자는 왜 동그랗게 만들까요?

밀가루 반죽 위에 토마토와 햄, 치즈를 듬뿍 올려 구운 피자는 생각만 해도 입에 군침이 돌아요. 피자는 주로 동그랗게 만드는데, 거기에는 다음과 같은 이유가 있어요.

첫째, 요리사는 밀가루 반죽을 납작하게 편 후 공중에서 빠르게 회전시켜요. 빠르게 회전하는 물체는 원의 중심에서 바깥쪽으로 향하려는 힘인 **원심력**이 생기는데, 이 원심력 때문에 반죽이 점점 늘어나요. 그러니까 당연히 동그란 원형으로 만들어지지요.

둘째, 똑같은 길이의 끈으로 도형을 만들면 모양마다 넓이가 달라요. 정삼각형보다 정사각형이, 정사각형보다 정오각형이 더 넓지요. 그러다 보면 결국 둘레의 길이가 같을 때 원의 넓이가 가장 넓다는 것을 알 수 있어요. 즉 가장 넓은 면적에 다양한 **토핑**을 하여 여러 가지 맛을 느낄 수 있기 때문에 원형으로 만드는 거예요.

셋째, 프라이팬처럼 열이 골고루 전달되도록 하기 위해 원형으로 만드는 거예요. 피자를 불에 구울 때 모서리가 있으면 그 부분만 열을 많이 받아 탈 수 있어요. 하지만 원이라 열이 골고루 전달되어 특정 부분만 탈 위험이 줄어든답니다. 게다가 원은 나누어 먹기도 편리해요.

이처럼 피자에 도형의 원리가 숨어 있다는 사실을 알면 피자가 더 맛있을 거예요.

토핑 요리나 과자의 끝마무리에 재료를 올리거나 장식하는 것.

> 풀어 보아요

1. 빠르게 회전하는 물체가 원의 중심에서 바깥쪽으로 향하려는 힘을 무엇이라고 하나요?

2. 똑같은 길이의 끈으로 도형을 만들 때 넓이가 가장 넓은 도형은 무엇인가요?
   ① 정사각형   ② 정오각형
   ③ 정팔각형   ④ 원형

3. 피자를 동그랗게 만드는 이유에 대한 설명으로 맞으면 O, 틀리면 × 표시를 하세요.

   (1) 원형으로 만드는 것이 시간이 절약되기 때문이에요. (   )

   (2) 원형으로 만드는 것이 가장 맛이 좋기 때문이에요. (   )

   (3) 가장 넓은 면적에 다양한 토핑을 하여 갖가지 맛을 느낄 수 있기 때문이에요. (   )

   (4) 프라이팬처럼 열이 골고루 전달되도록 하기 위해서예요. (   )

4. 다음 글의 밑줄에 들어갈 알맞은 나라를 써 넣으세요.

   아이들이 누구나 좋아하는 피자는 밀가루 반죽을 넓게 펴서 만든 도우 위에 치즈와 토마토, 그 밖의 다양한 토핑을 올려 화덕이나 오븐에 구운 _____ 요리예요.

읽어 보아요

07 빛과 그림자

빛이 비추는 곳은 환하고 밝아요. 그런데 빛이 물체에 가려지면 그 부분은 어둡고 검게 보여요. 그렇게 검은 부분을 **그림자**라고 해요.

그림자가 생기는 까닭은 '빛의 **직진**' 성질 때문이에요. 빛은 물체를 피해 휘거나 굽어서 돌아가지 못하고 곧바로 나아가요. 앞으로 나아가던 빛이 불투명한 물체에 부딪히면 통과하지 못해 물체의 뒷면에 어두운 그림자가 생겨요. 투명한 물체는 빛이 대부분 통과해 그림자가 생기지 않아요. **반투명**한 물체는 빛이 조금만 통과하니까 옅은 그림자가 생기지요.

그림자는 빛과 물체 사이의 거리에 따라 크기가 달라져요. 빛과 물체의 사이가 가까워 많은 양의 빛을 받으면 그림자가 커져요. 하지만 물체가 빛에서 멀리 떨어져 적은 양의 빛을 받으면 그림자도 작아져요.

이 밖에도 빛은 거울이나 잔잔한 물의 표면에 부딪히면 되돌아가는 성질이 있어요. 이것을 '빛의 반사'라고 해요. 또 빛은 앞으로 나아가다 어떤 물체를 만나 꺾이는 성질이 있는데, 이것을 '빛의 굴절'이라고 해요.

직진 곧게 나아감.

1. 물체가 빛을 가려서 그 물체의 뒷면에 드리워지는 검은 그늘을 무엇이라고 하나요?

2. 그림자가 생기는 까닭은 빛의 어떤 성질 때문인가요?

   ① 빛의 직진　　　　　　　　② 빛의 반사
   ③ 빛의 굴절　　　　　　　　④ 빛의 분산

3. 빛과 그림자에 대한 설명으로 맞으면 O, 틀리면 X 표시를 하세요.

   (1) 투명한 물체는 빛이 대부분 통과해 그림자가 생기지 않아요. (　)
   (2) 반투명한 물체는 빛이 조금만 통과해 옅은 그림자가 생겨요. (　)
   (3) 빛과 물체의 사이가 가까워 많은 양의 빛을 받으면 그림자가 작아져요. (　)
   (4) 물체가 빛에서 멀리 떨어져 적은 양의 빛을 받으면 그림자도 커져요. (　)

4. 다음 글의 밑줄에 들어갈 알맞은 말을 써 넣으세요.

   > 빛은 진공(물질이 전혀 존재하지 않는 공간) 속에서 1초에 약 30만 킬로미터를 갈 수 있어요. 이 속도보다 빠른 것은 없답니다. 지구에서 지구의 위성인 _____까지의 거리가 약 38만 킬로미터이니까 빛은 그곳까지 거의 1초 만에 갈 수 있는 셈이지요.

읽어 보아요

과학

08 쇠가 척척 달라붙는 자석

자석은 특정한 물체를 끌어당기는 힘이 있어요. 철사, 쇠못, 용수철, 깡통, 가위, 클립, 나사 등이 자석에 붙는 물체들이에요. 하지만 동전, 연필, 지우개, 비커, 책, 종이컵, 거울 등은 자석에 붙지 않아요. 이것을 보면 자석은 철로 된 물체를 끌어당기는 **자기**를 띠고 있다는 것을 알 수 있어요.

자석의 끌어당기는 힘이 미치는 공간을 **자기장**이라고 해요. 자기장은 눈에 보이지 않기 때문에 자석 주위에 철가루를 뿌려 나타나는 무늬로 그 모양을 알 수 있어요. 이것을 실험으로 알아볼까요?

자석 위에 두꺼운 흰 종이를 얹고 그 위에 철가루를 골고루 뿌리면 일정한 무늬가 나타나요. 이것으로 자기장을 알 수 있지요. 자석 위에 뿌려진 철가루는 자석의 양쪽 끝에서 가장 세게 끌어당기는데, 자석의 힘이 가장 센 이곳을 **자기극**이라고 해요.

자기극에는 엔(N)극과 에스(S)극, 두 가지가 있어요. **N극**은 북쪽을 가리키고 **S극**은 남쪽을 가리켜요. 같은 극끼리는 밀어 내고, 다른 극끼리는 서로 끌어당기는 성질이 있어요.

| 자기 | 쇠붙이를 끌어당기거나 남북을 가리키는 등 자석이 갖는 작용이나 성질. |

1. 쇠붙이를 끌어당기거나 남북을 가리키는 등 자석이 갖는 작용이나 성질을 무엇이라고 하나요?

2. 다음 중 자석에 붙는 물체는 빨간색, 자석에 붙지 않는 물체는 파란색을 칠해 보세요.

3. 자석에 대한 설명으로 맞으면 O, 틀리면 X 표시를 하세요.

   (1) 자석은 같은 극끼리 끌어당기고, 다른 극끼리 밀어내는 성질이 있어요. (   )

   (2) 자석의 힘이 가장 센 양쪽 끝을 자기극이라고 해요. (   )

   (3) 자기극에는 N극과 S극, 두 가지가 있어요. (   )

   (4) N극은 남쪽을 가리키고 S극은 북쪽을 가리켜요. (   )

4. 다음 글의 밑줄에 들어갈 알맞은 말을 써 넣으세요.

   > 막대자석을 실에 매달아 공중으로 들어 올리면 자석은 이리저리 움직이다가 남쪽과 북쪽을 가리키며 멈춰요. _____은 이와 같은 자석의 성질을 이용해 남북의 방향을 알아내는 계기예요.

> 읽어 보아요

과학

09 소리는 어떻게 전달되나요?

우리는 일상생활에서 여러 가지 소리를 듣게 돼요. 사람의 말소리, 자동차 소리, 공사장의 **소음**, 강아지의 울음소리 등 다양하지요. 이런 소리들은 어떻게 우리에게 전달될까요?

소리가 날 때는 떨림이 있어요. 사람은 **성대**에서 소리를 내는데, 목소리를 낼 때 목에 손을 대 보면 목이 떨리는 것을 느낄 수 있어요. 또 소리가 나는 스피커에 손을 대 보면 스피커의 떨림이 느껴져요. 이 떨림이 어떤 물질을 통해 우리 귀에 전달되는 거예요. 대부분의 소리는 기체인 공기를 통해 전달되고, 나무나 철과 같은 고체, 물과 같은 액체를 통해서도 전달돼요.

물체가 떨리는 크기에 따라 소리의 크기가 다른데, 소리의 크고 작은 정도를 소리의 **세기**라고 해요. 아기에게 자장가를 불러 줄 때나 친구에게 귓속말을 할 때는 소리의 세기가 작지만, 수업 시간에 발표할 때나 야구장에서 응원할 때는 소리의 세기가 크지요. 소리의 세기를 측정하는 단위로 **데시벨**(dB)을 사용해요.

소리를 우리 귀까지 전달해 주는 것은 공기예요. 소리는 공기가 없으면 전달되지 않아요. 그래서 공기가 없는 달에서는 소리를 들을 수 없답니다.

낱말풀이

소음 　 불쾌하고 시끄러운 소리.
성대 　 목구멍 안의 소리를 내는 기관.

1. 사람의 목구멍 안의 소리를 내는 기관은 무엇인가요?

2. 다음 중에서 들을 수 <u>없는</u> 소리는 무엇일까요?

    ① 비행기 안에서 하는 말

    ② 달리는 기차 안에서 하는 말

    ③ 달에서 하는 말

    ④ 종이컵에 실을 연결한 전화기로 하는 말

3. 소리에 대한 설명으로 맞으면 O, 틀리면 ✕ 표시를 하세요.

    (1) 대부분의 소리는 기체인 공기를 통해 전달돼요. (   )

    (2) 소리는 나무나 철과 같은 고체, 물과 같은 액체를 통해서는 전달되지 않아요.
        (   )

    (3) 물체가 떨리는 크기와 소리의 크기는 아무 상관이 없어요. (   )

    (4) 소리의 크고 작은 정도를 소리의 세기라고 해요. (   )

4. 다음 글의 밑줄에 들어갈 알맞은 말을 써 넣으세요.

    소리의 세기는 _____로 나타내며 0dB은 사람이 들을 수 있는 가장 낮은 세기의 소리예요. 나뭇잎 흔들리는 소리는 20dB, 전화벨 소리는 70dB, 지하철이 지나갈 때 밑에서 느끼는 소리는 100dB이랍니다.

쑥쑥 쏙쏙 문해력 완성 ❶

자기소개 하기

학교에서 새로운 친구들에게 자기를 소개하려면 어떻게 해야 할까요? 여기서는 자신을 알릴 수 있는 낱말 세 개를 뽑아 각 낱말에 맞게 소개하는 방식으로 해 보려고 해요. 아래의 〈보기〉를 잘 보고 여러분도 따라 해 보세요.

〈보기〉 나를 소개하는 낱말 : 서울, 수학, 축구

▶서울 : 저는 서울에서 태어났어요. 아빠, 엄마, 누나, 나, 이렇게 네 식구가 함께 살아요. 저는 빌딩과 자동차가 많은 서울이 좋아요.
▶수학 : 저는 과목 중에 수학이 가장 재미있어요. 정해진 대로 수를 계산하면 되니까 복잡하지 않고, 또 답이 딱 떨어지는 것도 신기해요.
▶축구 : 저는 축구를 좋아해요. 나중에 자라서 축구 선수가 되는 게 꿈이에요. 축구 선수 중에 우리나라의 손흥민 선수처럼 잘하고 싶어요. 그래서 지금도 하루에 한 시간씩 축구를 하고 있어요.

자기를 소개하는 낱말 세 개를 뽑아 자기소개를 해 보세요.

나를 소개하는 낱말 :

1.

2.

3.

> 읽어 보아요

10 바람은 왜 부나요?

휘잉~ 휘잉. 오늘은 바람이 불어요. 바람은 볼 수는 없지만 느낄 수는 있어요. 시원한 바람을 직접 피부로 느낄 수도 있고, 바람에 나뭇가지가 흔들리거나 연기가 흩어지는 모습을 보고도 바람이 분다는 것을 알 수 있어요. 그런데 바람은 왜 부는 걸까요?

바람은 공기의 온도와 관련이 있어요. 지구의 공기는 낮에 **태양열**에 의해 데워지면 따뜻해져요. 따뜻한 공기는 무게가 가벼워져 위로 올라가고, 찬 공기는 아래로 내려와요. 그러니까 공기가 위로 올라간 빈자리에 아직 데워지지 않은 찬 공기가 채워지는 거예요. 채워진 공기가 태양열에 의해 따뜻하게 데워지면 다시 위로 올라가고 그 자리는 또 다른 공기로 채워지지요. 이렇게 끊임없이 위로 올라가고 아래로 채워지면서 공기가 움직이는데, 이러한 공기의 움직임이 바로 바람이랍니다.

바람은 방향에 따라서 동쪽에서 부는 바람은 **샛바람**(동풍), 서쪽에서 부는 바람은 **하늬바람**(서풍), 남쪽에서 부는 바람은 **마파람**(남풍), 북쪽에서 부는 바람은 **된바람**(북풍)이라고 해요.

우리는 일상생활에서 바람을 이용하고 또 즐겨요. 풍차, 돛단배, **풍력 발전기** 등이 바람을 이용한 기계들이고, 풍선 불기, 바람개비 돌리기, 연날리기 등이 그런 놀이들이지요.

> 낱말 풀이
>
> **풍력 발전기** 바람으로 풍차를 회전해 전기를 일으키는 발전기.

지구

> 풀어 보아요

1. 다음 중 바람이 분다는 것을 알 수 있는 상황이 <u>아닌</u> 것은 무엇일까요?

    ① 빨랫줄에 걸어 놓은 빨래가 살랑살랑 흔들려요.

    ② 거리에 늘어선 가로수의 나뭇잎이 팔랑거려요.

    ③ 굴뚝의 연기가 이리저리 흩어져요.

    ④ 횡단보도의 신호등이 깜박거려요.

2. 부는 방향에 따른 바람의 우리말 이름을 각각 선으로 연결해 보세요.

    ① 동쪽에서 부는 바람 •　　　　　• ㉠ 된바람

    ② 서쪽에서 부는 바람 •　　　　　• ㉡ 마파람

    ③ 남쪽에서 부는 바람 •　　　　　• ㉢ 하늬바람

    ④ 북쪽에서 부는 바람 •　　　　　• ㉣ 샛바람

3. 공기의 움직임인 바람에 대한 설명으로 맞으면 O, 틀리면 X 표시를 하세요.

    (1) 태양열로 데워진 따뜻한 공기는 가벼워져 위로 올라가요. (　　)

    (2) 찬 공기는 무거워져 아래로 내려와요. (　　)

    (3) 공기가 위로 올라가서 빈자리는 데워진 따뜻한 공기가 채워져요. (　　)

4. 우리의 일상생활에서 바람을 이용한 놀이를 세 가지만 써 보세요.

    _____

지구

읽어 보아요

11 비는 왜 내릴까요?

하늘에 먹구름이 끼어 날이 흐려요. 곧 비가 오려나 봐요. 비 오는 날은 우산을 준비해야 해요. 그런데 비는 왜 오는 걸까요?

우리 눈에는 보이지 않지만 공기 속에는 아주 작은 **수증기**가 떠다니고 있어요. 바다와 강, 호수에서 햇빛을 받아 증발하는 수증기지요. 이 수증기가 하늘로 올라가 차가운 공기를 만나면 서로 엉겨 작은 물방울이 되고, 작은 물방울들이 모여서 구름이 만들어져요. 그러니까 구름은 작은 물방울들의 모임이에요. 작은 물방울들은 서로 부딪치면서 합쳐져 점점 커지고 무거워져요. 그러면 물방울들이 하늘에 떠 있지 못하고 아래로 떨어지지요. 이렇게 물방울들이 땅으로 떨어지는 것이 비랍니다.

비가 되어 내린 빗물은 강으로 흘러들거나 지하로 스며들어 지하수가 돼요. 강물은 흐르고 흘러 바다로 들어가고, 바다에 흘러든 물은 다시 태양열을 받아 증발해 하늘로 올라가요. 하늘로 올라간 물방울들은 비나 눈이 되어 다시 땅으로 내려오지요. 이렇게 물은 끊임없이 돌고 도는데, 이것을 **물의** 순환이라고 해요.

낱말풀이

지하수 빗물이 땅속에 스며들어 고인 물.
순환 주기적으로 자꾸 되풀이하여 돎.

1. 땅속의 흙이나 모래, 바위 따위의 빈틈을 채우고 있는 물을 무엇이라고 하나요?

2. 비가 오는 날의 준비물과 <u>상관없는</u> 것은 무엇인가요?
   ① 우산 ② 장화
   ③ 우비 ④ 썰매

3. 비가 만들어지는 과정에 대한 설명으로 맞으면 O, 틀리면 X 표시를 하세요.
   (1) 바다와 강, 호수에서 증발한 수증기가 하늘로 올라가요. (   )
   (2) 수증기가 하늘에서 더운 공기를 만나면 서로 엉겨 굵은 물방울이 돼요. (   )
   (3) 물방울들은 서로 부딪치면서 쪼개져 점점 사라져 버려요. (   )
   (4) 물방울들이 하늘에 떠 있지 못하고 아래로 떨어지는 것이 비예요. (   )

4. 다음 글의 밑줄에 들어갈 알맞은 말을 써 넣으세요.

   > 물은 태양열에 의해 바다 표면에서 증발해 구름을 만들었다가 대부분 비나 눈으로 다시 바다로 떨어지고, 일부는 육지에 내려 바다로 돌아가는 과정을 끊임없이 되풀이하는데, 이것을 _____ 이라고 해요.

지구

> 읽어 보아요

12 하늘과 바다는 왜 파란가요?

맑은 날 낮에 하늘을 바라보면 파랗게 보여요. 시원한 바다도 파랗게 보이지요. 하늘이나 바다는 원래 파란색일까요?

하늘은 공기와 먼지, 수증기 등으로 이루어져 투명해요. 바닷물을 손바닥에 떠서 들여다 보면 마찬가지로 투명하지요. 그런데 우리 눈에 파랗게 보이는 것은 태양 빛이 **산란**되기 때문이에요. 빛은 아무 색깔 없이 투명해 보이지만, 빨강, 주황, 노랑, 초록, 파랑, 남색, 보라의 무지개색이 모두 들어 있어요. 빛이 어떤 물체에 부딪치면 **반사**되기도 하고 흡수되기도 하는데, 반사되어 흩어진 색깔이 우리 눈에 보이는 거랍니다.

하늘이 파란 이유도 빛이 산란을 하기 때문이에요. 태양 빛은 **대기**를 통과하면서 공기와 먼지, 수증기 등에 부딪쳐 다른 색의 빛은 그대로 통과하는데 파랑, 남색 등의 빛은 부딪쳐 이리저리 흩어져요. 그래서 하늘이 파랗게 보인답니다.

바다도 마찬가지예요. 빛이 바닷물을 통과할 때 빨강, 주황 등의 빛이 먼저 흡수되고 파랑, 남색 등의 빛이 늦게 흡수되기 때문에 파란색을 띠어요. 깊은 바다로 갈수록 검게 보이는 것은 빛이 모두 흡수됐기 때문이에요.

> 낱말 풀이

산란 빛이 물체와 충돌해 여러 방향으로 흩어지는 현상.
반사 빛이 똑바로 곧게 나아가다 물체에 부딪쳐 튀어나오는 것.
대기 지구의 표면을 둘러싸고 있는 기체.

> 풀어 보아요

1. 무지개색의 일곱 가지 색깔을 순서대로 써 보세요.

   _____

2. 태양 빛에 대한 설명으로 맞으면 O, 틀리면 X 표시를 하세요.

   (1) 태양 빛은 아무 색깔 없이 투명해 보이지만 여러 가지 색깔이 들어 있어요. (   )

   (2) 태양 빛이 어떤 물체를 만나면 반사되지 않고 모두 흡수돼요. (   )

   (3) 태양 빛이 대기를 지날 때 빨강, 주황 등의 빛은 산란되지 않고 통과해요. (   )

3. 바다가 파랗게 보이는 이유와 관련 없는 것은 무엇인가요?

   ① 바닷물을 투명한 컵에 떠 놓으면 파란색을 띠어요.

   ② 태양 빛이 바닷물을 통과할 때 붉은 계열이 먼저 흡수돼요.

   ③ 태양 빛이 바닷물을 통과할 때 푸른색 계열이 늦게 흡수되어 파란색을 띠어요.

   ④ 깊은 바다가 검게 보이는 것은 빛이 모두 흡수됐기 때문이에요.

4. 다음 글의 밑줄에 들어갈 알맞은 말을 써 넣으세요.

   > 가시광선(사람의 눈으로 볼 수 있는 빛) 중 파장이 긴 빨강, 주황 등의 빛은 대기층을 통과하지만 파장이 짧은 파랑, 남색 등의 빛은 대기층에서 _____되어 퍼지기 때문에 하늘이 파랗게 보인답니다.

지구

읽어 보아요

13 천둥과 번개는 어떻게 생기나요?

번개가 번쩍! 우르릉~ 쾅! 잔뜩 흐린 어두컴컴한 날, 먹구름 속에서 번갯불이 '번쩍!' 일어요. 이어서 하늘을 찢을 듯한 천둥소리가 울리지요. **번개**와 **천둥**이 치면 정말 무섭지요?

대규모로 물이 증발해 만들어진 구름 속에서는 물방울과 얼음 알갱이들이 빠르게 움직여요. 이때 물방울과 얼음 알갱이들이 서로 부딪치며 **마찰**을 일으켜 양(+)과 음(-)의 전기가 생겨요. 책받침을 머리카락에 마구 비비면 **전기**가 일어나는 것과 마찬가지 **현상**이에요. 이렇게 비구름에 전기가 쌓여 가다가 양과 음이라는 서로 다른 성질을 가진 구름들이 부딪쳐 밝고 뜨거운 불꽃이 생겨나지요. 이 불꽃이 하늘에서 번쩍! 하는 번개예요.

번개는 순간적으로 주변의 공기를 데워요. 1초도 안 되는 시간에 3만 도 이상으로 뜨겁게 만들지요. 이렇게 뜨거워진 공기는 갑자기 부피가 커져 우르릉! 하고 소리를 질러요. 이것이 바로 천둥이에요. 보통 번개가 번쩍인 뒤 천둥소리가 이어지지요.

천둥과 번개가 칠 때는 조심해야 해요. 차 안이나 집 안에 있다면 밖으로 나가지 않아야 해요. 주변에 건물이 없는 넓은 운동장 같은 곳에 있다면 몸을 웅크리는 것이 안전해요. 비를 피한다고 큰 나무 아래 서 있으면 위험해요.

낱말풀이

현상 인간이 느끼거나 알 수 있는 사물의 모양과 상태.

> 풀어 보아요

1. 물이 증발해 하늘에서 만들어지는 것은 무엇인가요?

   |　|　|

2. 천둥과 번개에 대한 설명으로 맞으면 O, 틀리면 × 표시를 하세요.

   (1) 번개는 주변의 공기를 순간적으로 3만 도 이상으로 데워요. (　　)

   (2) 양과 음의 구름들이 부딪쳐 뜨거운 불꽃이 생겨나는 것이 번개예요. (　　)

   (3) 보통 천둥소리가 크게 난 다음 번개가 '번쩍' 일어요. (　　)

3. 천둥과 번개가 칠 때의 행동으로 옳지 않은 것을 고르세요.

   ① 차 안에 있을 때는 밖으로 나가지 않아요.
   ② 피할 곳이 없는 넓은 운동장에서는 몸을 둥글게 웅크려요.
   ③ 집 안에 있을 때는 창가에서 떨어져 있어요.
   ④ 비를 맞지 않으려고 큰 나무 아래로 몸을 피해요.

4. 다음 글의 밑줄에 공통으로 들어갈 알맞은 말을 써 넣으세요.

   > 우리 속담에 "_____에 콩 볶아 먹듯 한다."는 말이 있어요. 하는 짓이 _____에 콩을 볶아 먹을 만큼 급하게 군다는 뜻으로, 어떤 행동을 당장 해치우지 못해 안달하는 조급한 성질을 이르는 말이에요.

지구

읽어 보아요

14 무지개는 어떻게 생기나요?

여름철 한낮에 내리던 소나기가 갑자기 그친 뒤 햇빛이 반짝 나면 태양의 반대쪽에서 일곱 빛깔의 **무지개**를 볼 수 있어요. 하늘의 다리 같은 무지개는 어떻게 만들어질까요? 햇빛은 우리 눈에 투명해 보이지만, 실제로는 그 속에 빨강, 주황, 노랑, 초록, 파랑, 남색, 보라 등 여러 가지 빛깔이 들어 있어요. 다만 우리 눈에 보이지 않을 뿐이지요. 그런데 프리즘이나 물방울 같은 것을 통해 보면 빛이 흩어져 여러 가지 빛깔을 모두 볼 수 있어요. 바로 무지개색이지요. 그런데 왜 주로 비가 그친 뒤에 무지개를 볼 수 있을까요?

비가 그친 뒤에는 공기 중에 물방울이 많아져요. 이때 햇빛이 반짝 나면 햇빛은 공기 중의 물방울을 통과하면서 굴절되어 방향이 꺾이고 흩어지는데, 꺾이는 정도에 따라 햇빛의 색깔들이 나타나요. 다시 말해, 햇빛이 물방울을 통과하면서 분산되어 여러 가지 색으로 나뉘어 나타나요. 이것이 바로 무지개랍니다. 무지개는 보통 하나가 뜨지만 두 개가 쌍으로 뜨는 경우도 있어요. 이것을 **쌍무지개**라고 해요. 무지개는 비가 그친 뒤에 잘 나타나지만 물방울이 많은 폭포 근처에서도 자주 볼 수 있어요.

낱말풀이

프리즘   빛을 굴절시키거나 분산시킬 때 쓰는, 유리나 수정으로 된 물건
굴절   소리나 빛이 경계 면에서 진행 방향이 바뀌는 현상.
분산   빛이 프리즘을 통과할 때 각각의 색의 띠로 갈라지는 현상.

> 풀어 보아요

1. 유리나 수정으로 된 부품으로 빛을 굴절시키거나 분산시킬 때 쓰는 도구는 무엇인가요?

2. 무지개에 대한 설명으로 맞으면 O, 틀리면 X 표시를 하세요.

    (1) 무지개는 비가 온 뒤 태양을 향한 쪽에서 볼 수 있어요. (   )

    (2) 무지개는 햇빛이 공중의 물방울을 통과하면서 분산되어 나타나요. (   )

    (3) 무지개는 보통 하나가 뜨지만 쌍무지개가 뜨는 경우도 있어요. (   )

3. 다음 중 무지개를 볼 수 없는 경우를 고르세요.

    ① 소나기가 그친 뒤 햇빛이 났을 때
    ② 한낮에 물줄기를 쏟아 내는 폭포 근처에 있을 때
    ③ 빛이 없는 캄캄한 밤중에 하늘을 볼 때
    ④ 태양을 등지고 분무기로 물을 뿜을 때

4. 다음 글의 밑줄에 들어갈 알맞은 말을 써 넣으세요.

    _____는 공중에 떠 있는 물방울이 햇빛을 받았을 때 일곱 빛깔의 줄로 나타나요. 흔히 비가 그친 뒤 태양의 반대쪽에 나타나지요. 보통 바깥쪽에서부터 빨강, 주황, 노랑, 초록, 파랑, 남색, 보라의 순서로 아름다운 색깔을 뽐낸답니다.

지구

읽어 보아요

15 노을은 왜 생기나요?

하늘이 맑은 날 저녁, 해가 뉘엿뉘엿 지려 해요. 서쪽 하늘에 불그레한 기운이 감돌더니 파랗던 하늘이 어느새 붉게 물들었어요. 이처럼 **저물녘 지평선** 위쪽 하늘이 햇빛에 물들어 벌겋게 보이는 것을 **저녁노을**이라고 해요. 아침에 해가 뜰 때도 아침노을이 생겨요. 노을은 왜 생길까요?

해가 뜨거나 질 무렵이면 빛이 통과하는 공기층이 낮보다 두꺼워져요. 해가 낮보다 비스듬히 기울어 있기 때문이에요. 이때 파랑, 남색 등의 빛은 공기 중에 떠 있는 작은 먼지 때문에 흩어져 멀리 못 가요. 하지만 빨강, 주황 등의 빛은 흩어지지 않고 우리가 있는 곳까지 오지요. 그래서 하늘이 붉게 보인답니다. 빛이 통과하는 공기의 두께(대기의 길이)가 두꺼울수록 하늘은 더 붉어져요.

"저녁노을이 나타나면 다음 날은 날씨가 좋다."라는 말이 있어요. 저녁노을의 의미는 무엇보다 서쪽 하늘에 먼지가 많다는 얘기예요. 먼지가 많다는 것은 비가 오지 않고 날씨가 맑다는 것을 뜻하지요. 그래서 맑은 서쪽 하늘이 다음 날 그대로 동쪽으로 이동해 이튿날도 맑은 날씨가 될 가능성이 많답니다.

저물녘 해가 저물 무렵.
지평선 편평한 땅의 끝과 하늘이 맞닿아 경계를 이루는 선.

1. 아침저녁으로 지평선 위쪽 하늘이 햇빛에 물들어 벌겋게 보이는 것을 무엇이라고 하나요?

   □□

2. 다음 중 '뉘엿뉘엿'의 쓰임으로 알맞지 <u>않은</u> 것을 고르세요.

   ① 붉은 해가 뉘엿뉘엿 넘어갔어요.
   ② 뉘엿뉘엿 땅거미가 지더니 어느새 어둠이 내렸어요.
   ③ 동생이 피자를 뉘엿뉘엿 맛있게 먹었어요.
   ④ 마을에 닿았을 때 서편에 해가 뉘엿뉘엿 떨어지고 있었어요.

3. 노을에 대한 설명으로 맞으면 O, 틀리면 X 표시를 하세요.

   (1) 해가 뜰 무렵 하늘이 붉게 물드는 것을 아침노을이라고 해요. (   )
   (2) 해가 질 무렵 하늘이 붉게 물드는 것을 저녁노을이라고 해요. (   )
   (3) 아침저녁에는 해가 낮보다 비스듬히 기울어 있기 때문에 햇빛이 통과하는 공기층이 더 얇아요. (   )
   (4) 햇빛이 통과하는 공기의 두께가 얇을수록 하늘은 더 붉어져요. (   )

4. 다음 글의 밑줄에 들어갈 알맞은 말을 써 넣으세요.

   > 지구상의 한 지점에서 볼 때 편평한 땅의 끝과 하늘이 맞닿아 경계를 이루는 선을 지평선이라 하고, 바다처럼 물이 하늘과 맞닿아 경계를 이루는 선을 _____이라고 해요.

읽어 보아요

지구

16 공룡은 다 어디로 갔을까요?

한때 **공룡**은 지구상에 널리 퍼져 살았어요. 우리는 오늘날 발견되는 **화석**을 통해 그 사실을 알 수 있어요. 하지만 공룡은 인간이 나타나기 훨씬 전에 모두 사라졌어요. 브라키오사우루스, 트리케라톱스, 스테고사우루스처럼 풀을 뜯어 먹던 초식 공룡도 사라지고, 티라노사우루스, 알로사우루스, 데이노니쿠스처럼 다른 공룡을 잡아먹던 육식 공룡도 사라졌지요. 도대체 무슨 일이 있었기에 공룡들이 모조리 사라진 걸까요?

어떤 공룡 학자는 공룡이 사라진 이유를 이렇게 설명했어요. 포유동물이 공룡의 알을 몽땅 먹어 치워 후손을 남기지 못했거나, 공룡의 몸이 너무 커서 움직이지 못해 먹이를 구할 수 없었을 거라고요. 하지만 오늘날 과학자들은 급격한 **기후 변화** 때문에 많은 식물과 동물이 죽었을 거라고 생각하고 있어요. 아마도 **소행성**이 지구로 떨어진 것이 원인이 되어 기후의 변화가 일어났을 거라고요. 그 바람에 거대한 먼지 구름이 햇빛을 가려 매서운 추위가 몰아닥쳤을 테고, 지구상의 모든 것이 꽁꽁 얼어붙었겠지요. 이런 추위 속에서는 나무와 풀은 물론 공룡들도 살아남을 수 없었을 거예요.

낱말풀이

화석 아주 오래전에 살았던 동물이나 식물의 몸이나 활동 흔적이 바위나 땅속에 남아 있는 것.
소행성 화성과 목성 사이의 궤도에서 태양의 둘레를 공전하는 작은 행성.

> 풀어 보아요

1. 화성과 목성 사이의 궤도에서 태양의 둘레를 공전하는 작은 행성을 무엇이라고 하나요?

2. 다음 중 육식 공룡은 빨간색, 초식 공룡은 파란색을 칠해 보세요.

   - 트리케라톱스
   - 데이노니쿠스
   - 브라키오사우루스
   - 알로사우루스
   - 스테고사우루스
   - 티라노사우루스

3. 공룡이 멸종된 이유에 대한 설명으로 맞으면 O, 틀리면 × 표시를 하세요.

   (1) 소행성이 지구로 떨어져 기후 변화가 일어났을 것으로 추측되어요. (   )

   (2) 거대한 먼지 구름이 햇빛을 가려 큰 추위가 닥쳤을 것으로 생각돼요. (   )

   (3) 모든 것이 꽁꽁 얼어붙었지만 공룡은 살아 남았을 것으로 생각돼요. (   )

4. 다음 글의 밑줄에 들어갈 알맞은 말을 써 넣으세요.

   > 공룡이 처음 나타났다가 사라질 때까지 지구는 거대한 파충류인 공룡의 세상이었어요. 오늘날 _____을 통해 알려진 공룡은 약 1,000종이지만, 공룡 학자들은 공룡의 종류가 이보다 훨씬 더 많았을 거라고 추측하고 있어요.

지구

읽어 보아요

17 바닷물은 왜 짠가요?

아주 오래전, 지구가 탄생한 뒤 오랫동안 비가 그치지 않고 내렸어요. 지구를 둘러싼 대기를 가득 채웠던 수증기가 큰비로 바뀌어 내린 거예요. 이때 지구 표면에 있던 여러 가지 물질이 녹아서 바다로 흘러갔어요. 그중에는 물에 녹기 쉬운 소금기도 많이 있었어요. 빗물이 바위랑 땅속을 지나며 그 속에 있던 소금기를 녹여 바다로 데려갔지요. 바닷물은 바로 이 소금기 때문에 짠맛이 나는 거예요.

또 바다 밑바닥에서 소금 성분이 들어 있는 뜨거운 물이 솟아나거나 **화산**이 분출하면서 뜨거운 용암이 뿜어져 나올 때 그 안에 들어 있던 화학 물질이 바닷물 속으로 스며들었어요. 이 화학 물질에 **염화 나트륨**(소금)이 들어 있어서 바닷물에 짠맛이 더해졌어요.

바닷물 1킬로그램에는 약 35그램의 소금기가 들어 있어요. 그러니 짤 수밖에 없지요. 우리는 염전에서 바닷물을 증발시켜 만든 소금을 조미료로 사용해요. 바닷물이 뜨거운 햇빛을 받으면 수분은 증발되고 소금이 남는답니다.

분출	액체나 기체 상태의 물질이 솟구쳐 뿜어져 나옴.
용암	화산의 분화구에서 분출된 마그마.
염전	소금을 만들려고 바닷물을 끌어 들여 논처럼 만든 곳.

> 풀어 보아요

1. 바닷가에 소금을 만들기 위해 일군 땅으로, 바닷물을 끌어들여 증발시키는 곳을 무엇이라고 하나요?

   □□

2. 아래에서 설명하는 것은 무엇에 대한 것인가요?

   > 땅속에 있는 가스와 마그마가 땅 위로 분출해 생기는 것이에요.

   ① 소금   ② 번개
   ③ 화산   ④ 지진

3. 바닷물이 짠 이유에 대한 설명으로 맞으면 O, 틀리면 × 표시를 하세요.

   (1) 아주 오래전, 지구가 만들어질 때 지구 표면에 있던 소금기가 녹아 바다로 흘러들었기 때문이에요. (   )

   (2) 바다 밑바닥에서 소금 성분이 들어 있는 뜨거운 물이 솟아나기 때문이에요. (   )

   (3) 바닷속에서 소금을 만들어 내는 식물이 자라기 때문이에요. (   )

4. 다음 글의 밑줄에 들어갈 알맞은 말을 써 넣으세요.

   > _____은 인류가 이용해 온 가장 오래된 조미료예요. 음식의 기본적인 맛을 낼 뿐 아니라, 다른 물질로 대신해 쓸 수 없다는 점에서 조미료 중에서도 가장 큰 비중을 차지한다고 볼 수 있어요.

쑥쑥 쏙쏙 문해력 완성 ❷

비슷한말, 반대말

1. 다음 풍선에 쓰인 낱말과 비슷한말을 아래 원에서 찾아 선으로 연결하세요.

(1) 가꾸다 (2) 마치다 (3) 설레다 (4) 야무지다 (5) 옮기다 (6) 이바지하다

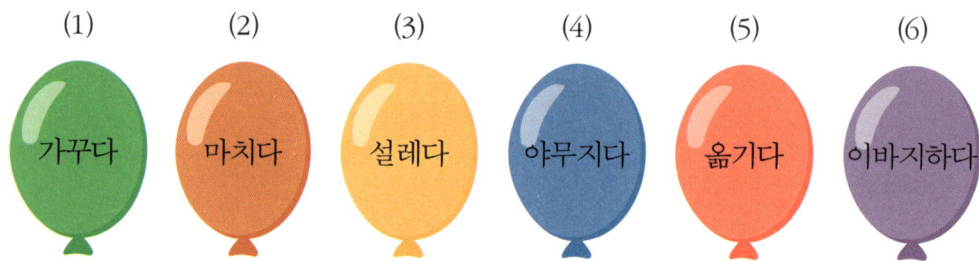

다부지다   이동하다   꾸미다   기여하다   끝내다   두근거리다

2. 다음 풍선에 쓰인 낱말의 반대말을 아래 원에서 찾아 선으로 연결하세요.

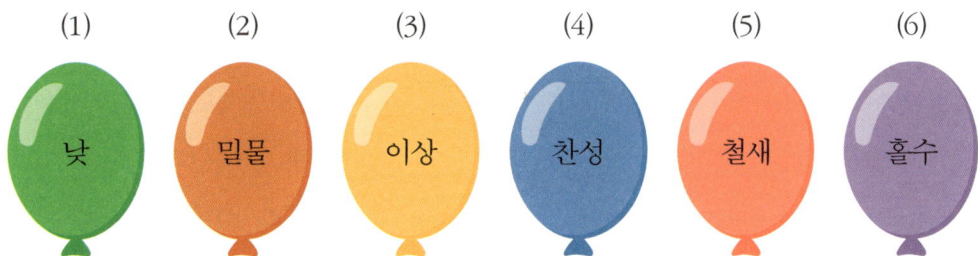

(이하)　(짝수)　(반대)　(밤)　(텃새)　(썰물)

읽어 보아요

18 아라비아숫자와 10진법

우리는 수를 셀 때 0, 1, 2, 3, 4, 5, 6, 7, 8, 9를 사용해요. 이 숫자를 **아라비아숫자**라고 해요. 그런데 아라비아숫자의 기원이 아라비아가 아니라 **인도**라는 걸 알고 있나요? 아주 오래전, 아라비아 상인들은 장사를 하러 인도에 가서 그곳에서 사용하던 숫자를 배워 왔어요. 그 뒤 유럽을 비롯한 세계 여러 나라를 돌아다니며 인도 숫자를 사용해 물건을 팔았어요. 이것이 세계 공통으로 사용하게 된 아라비아숫자랍니다.

우리는 0부터 9까지 열 개의 숫자로 모든 수를 만들 수 있어요. 10이 될 때마다 윗자리로 올려 나아가는 표시법을 쓰기 때문이지요. 그래서 99 다음에는 100이 되는 거예요. 이것을 **10진법**이라고 해요. 10진법이란 10을 한 단위로 하는 **기수법**으로, 고대 이집트 문명에서 생겨나 전 세계적으로 가장 널리 쓰고 있어요.

기수법에는 10진법만 있는 것은 아니에요. 고대 마야 문명에서는 20마다 자릿수가 올라가는 **20진법**이 쓰였고, 고대 바빌로니아 문명에서는 60마다 자릿수가 올라가는 **60진법**을 썼다고 해요. 오늘날 컴퓨터에서는 0과 1만 사용하는 **2진법**을 사용해요.

낱말풀이

기수법 숫자를 사용해 수를 적는 방법.

> 풀어 보아요

1. 숫자를 사용해 수를 적는 방법을 무엇이라고 하나요?

2. 아라비아숫자에 대한 설명으로 맞으면 O, 틀리면 X 표시를 하세요.

   (1) 아라비아숫자는 인도가 아니라 아라비아에서 시작되었어요. (   )

   (2) 0부터 9까지 열 개의 숫자로 모든 수를 만들 수 있어요. (   )

   (3) 아라비아인이 유럽에 전해 아라비아숫자라는 이름이 붙었어요. (   )

3. 다음 고대 문명에서 쓰였던 기수법을 각각 선으로 연결해 보세요.

   ① 고대 이집트 문명   •   • ㉠ 20진법

   ② 고대 마야 문명   •   • ㉡ 60진법

   ③ 고대 바빌로니아 문명   •   • ㉢ 10진법

4. 다음 문장에서 밑줄 친 곳에 들어갈 알맞은 말을 써 넣으세요.

   _____는 오늘날 전 세계에서 공통으로 사용하는 숫자예요. 0, 1, 2, 3, 4, 5, 6, 7, 8, 9의 열 개의 숫자를 사용하는데, 다른 숫자에 비해 이용하기가 편리해요. 0의 개념을 가지고 있어서 수학은 빠른 속도로 발전했다고 해요.

읽어 보아요

19 당나귀와 탈레스

꾀 많은 당나귀가 있었어요. 하루는 무거운 소금을 지고 개울을 건너가다가 그만 돌부리에 걸려 넘어지고 말았어요. 당나귀는 놀라서 후다닥 일어났지요. 그런데 참 이상한 일이 일어났어요. 등에 진 짐이 가벼워진 거예요.

'우아, 개울에 빠졌다 나오니까 짐이 가벼워졌어.'

그 뒤 당나귀는 개울에서 일부러 넘어지곤 했어요. 당나귀 주인은 당나귀가 개울에서 번번이 넘어지자 꾀를 부린다는 것을 알았어요. 그래서 하루는 소금 대신 솜을 짊어지게 했어요. 당나귀는 아랑곳하지 않고 이번에도 개울에서 일부러 넘어졌어요. 그러자 솜이 물에 흠뻑 젖어 훨씬 무거워졌지요. 자기 꾀에 속은 당나귀는 다시는 개울에서 넘어지지 않았다고 해요.

당나귀의 잔꾀를 알아채고 버릇을 고쳐 준 당나귀 주인은 고대 그리스의 철학자이자 수학자인 **탈레스**랍니다. 그는 젊은 시절에 장사를 하던 상인으로, 이집트에 유학해 수학과 천문학을 배웠어요. 그는 **피라미드**의 그림자와 막대의 그림자를 재어 **비례식**으로 피라미드의 높이를 알아냈어요. 또 당시에 이미 지구가 둥글다는 것을 알았고, 1년이 365.25일이라는 것을 계산해 내기도 했답니다.

비례식 두 개의 비가 같음을 나타내는 식.

1. 잔꾀를 부리는 당나귀의 버릇을 고쳐 준 주인의 이름은 무엇인가요?

2. 당나귀가 개울에서 일부러 넘어진 것은 소금의 어떤 성질을 이용한 것인가요?

   ① 짠맛을 내는 성질   ② 물에 녹는 성질

   ③ 부피가 늘어나는 성질   ④ 서로 엉겨 붙는 성질

3. 그리스 철학자이자 수학자인 탈레스에 대한 설명으로 맞으면 O, 틀리면 X 표시를 하세요.

   (1) 중국에 유학해 철학과 수학, 천문학을 배웠어요. (   )

   (2) 아주 긴 줄자로 피라미드의 높이를 재었어요. (   )

   (3) 그 당시에 이미 지구가 둥글다는 것을 알았어요. (   )

   (4) 1년이 365.25일이라는 것을 계산해 냈어요. (   )

4. 탈레스는 소금 대신 솜을 짊어지게 해 당나귀의 버릇을 고쳤어요. 솜처럼 물에 젖으면 무게가 무거워지는 물질을 세 가지만 써 보세요.

> 읽어 보아요

20 홀수와 짝수 그리고 자연수

구슬로 홀짝 놀이를 해 본 적이 있나요? 주먹에 구슬을 몇 개 쥐고 그 수가 홀수인지 짝수인지 알아맞히는 놀이이지요. 여기서 **홀수**는 무엇이고 **짝수**는 무엇일까요?

홀수는 2로 나누어서 나머지가 1이 남는 수로 1, 3, 5, 7, 9……의 수가 있고, 짝수는 2로 나누어떨어지는 수로 2, 4, 6, 8, 10……의 수가 있어요.

홀수와 짝수는 재미있는 **규칙**을 갖고 있어요. 짝수와 짝수는 더하기를 하면 항상 짝수가 돼요. 4+2=6, 6+8=12와 같은 식이지요. 그리고 홀수와 홀수도 더하기를 하면 항상 짝수가 돼요. 5+3=8, 7+9=16과 같은 식이지요. 그런데 짝수와 홀수, 또는 홀수와 짝수는 더하기를 하면 항상 홀수가 되는 특징이 있어요. 8+3=11, 5+4=9와 같은 식으로 말이에요.

모든 홀수와 모든 짝수를 한데 모아 놓은 것이 **자연수**예요. 1부터 시작해 하나씩 더해 얻은 수, 즉 1, 2, 3, 4, 5, 6, 7, 8, 9, 10……을 통틀어 자연수라고 해요. 물건을 세거나 순서를 매기는 가장 자연스러운 수라는 뜻에서 이름이 붙여졌다고 해요. 자연수의 개수는 **무한대**(∞)이며, 무한대는 '한없이 커져 가는 상태'를 나타낸답니다.

> 낱말 풀이
>
> **규칙** 여러 사람이 다 같이 지키기로 작정한 법칙.

> **풀어 보아요**

1. 수학에서 자연수의 개수처럼 무한대를 뜻하는 기호를 써 보세요.

_____

2. 홀수와 짝수의 관계에서 다음과 같이 더하기를 하면 어떤 수가 나오는지 써 보세요.

(1) 짝수 + 짝수 = _____

(2) 홀수 + 홀수 = _____

(3) 홀수 + 짝수 = _____

3. 자연수에 대한 설명으로 맞으면 O, 틀리면 X 표시를 하세요.

(1) 모든 짝수와 홀수를 한데 모아 놓은 수예요. (   )

(2) 0부터 시작해 하나씩 더해 얻은 수예요. (   )

(3) 물건을 세거나 순서를 매기는 가장 자연스러운 수예요. (   )

(4) 자연수의 개수는 정해져 있어요. (   )

4. 다음 밑줄에 들어갈 알맞은 말을 써 넣으세요.

> (1) _____ 는 2로 나누어떨어지는 수예요. 그런데 2로 나누어떨어지지 않는 수가 있어요. 이와 같은 수를 (2) _____ 라고 하는데, 2로 나누었을 때 나머지가 있는 수를 말해요.

> 읽어 보아요

21 0을 0으로 나눌 수 있나요?

1부터 9까지의 숫자는 만들어진 지 5000년이 넘었는데, 숫자 0이 태어난 것은 불과 1500년 전이라고 해요. 0의 발견은 역사상 가장 위대한 발견의 하나로 알려져 있어요. 0은 큰 수를 나타낼 때 아주 쓸모가 있어요. 숫자 뒤에 0만 붙이면 되거든요. '만'은 0을 4개, '억'은 0을 8개 붙이면 되는 식이지요. 즉 가장 작은 수 0을 발견하고 나서 가장 큰 수를 표현할 수 있게 된 거예요. 아마도 0이 없었다면 수를 표현하는 데 어려움이 많았을 거예요.

숫자 0끼리 덧셈과 뺄셈, 곱셈을 해도 답은 0이에요. 0+0=0, 0-0=0, 0×0=0이지요. 그런데 0을 0으로 나누면 어떻게 될까요? 1÷1=1, 2÷2=1, 3÷3=1……처럼 0÷0=1일까요? 어떤 수에 0을 곱하면 답은 무조건 0이 되지만 어떤 수를 0으로 나눌 수는 없답니다.

10÷2=5가 맞는지 알아보려면, 곱셈을 이용해 5×2=10이어서 맞다는 것을 알 수 있어요. 마찬가지로 0÷0=A라고 하면 A×0=0이어야 해요. 그렇다면 A는 1은 물론 2, 3, 4…… 등 어떤 수라도 상관없게 돼요. 이런 까닭에 수학에서 '0으로는 나눌 수 없다', 또는 '0으로 나누는 것은 **불가능**하다'라고 말한답니다.

쓸모   쓸 만한 가치.

> 풀어 보아요

1. 다음 수가 얼마인지 읽어 보세요.

   (1) 1000 → _____

   (2) 20000 → _____

   (3) 3000000 → _____

2. 다음 나눗셈의 답은 모두 같아요. 얼마인지 써 보세요.

   1÷1, 2÷2, 3÷3 = _____

3. 숫자 0에 대한 설명으로 옳지 않은 것은 무엇일까요?

   ① 0이 태어난 것은 불과 1500년 전이에요.

   ② 0은 큰 수를 나타낼 때 아주 쓸모가 있어요.

   ③ 0끼리 덧셈과 뺄셈, 곱셈을 해도 답은 0이에요.

   ④ 1÷1=1인 것처럼 0÷0=1이에요.

4. 다음 글의 밑줄에 들어갈 알맞은 셈은 무엇일까요?

   > 인도 수학자 브라마굽타는 최초로 0에 대해 연구한 문서를 남긴 인물이에요. 브라마굽타는 0을 '같은 두 수를 _____ 하면 얻어지는 수'라고 하며 아무것도 남지 않은 상태라고 말했어요.

   ① 덧셈　　② 뺄셈　　③ 곱셈　　④ 나눗셈

> 읽어 보아요

22 가장 안정된 도형, 삼각형

숫자 3은 우리 일상생활과 관련이 많아요. 무슨 일을 할 때는 꼭 세 번이라는 뜻의 삼세번, 크기는 대중소의 세 가지, 등급은 상중하의 세 등급, 게임은 가위바위보, 심지어 올림픽 메달조차 금, 은, 동! 이렇게 3이란 숫자가 많이 쓰이는 것은 3을 안정과 조화의 수로 생각하기 때문이에요.

숫자 3을 그렇게 생각하는 가장 큰 이유는 삼각형이 **도형** 중에서도 가장 튼튼하고 안정적이기 때문이에요. 삼각형은 세 개의 **선분**으로 둘러싸인 안정감 있는 모양이에요. 이 세 개의 선분을 **변**이라 하고, 변과 변끼리 만나는 점을 **꼭짓점**이라고 해요. 따라서 삼각형은 변의 개수도 세 개, 꼭짓점의 개수도 세 개예요. 세 변의 길이가 정해지면 삼각형은 무슨 일이 있어도 모양이 변하지 않아요. 그래서 선반 받침대, 다리나 탑, 삼각대 등을 만들 때 삼각형이 많이 쓰여요.

특히 삼각대는 세 발 달린 받침대로, 사진기는 물론 실험 기구, 토지 측량 기구, **화판틀**, 기관총 등 흔들리면 안 되는 것들을 얹어 사용하는 쓸모가 많은 도구랍니다. 또, 물을 건너기 위해 만든 다리는 길이가 길수록 무너지기 쉬운데, 크고 작은 삼각형을 그물처럼 엮어 만들어 안전하게 사용할 수 있답니다.

도형	점, 선, 면, 체 또는 그것들의 집합을 통틀어 이르는 말.
선분	두 점을 곧게 이은 선.
화판틀	그림을 그릴 때 그림판을 놓는 틀.

> 풀어 보아요

1. 세 개의 선분으로 둘러싸인 안정감 있는 도형을 무엇이라고 하나요?

2. 삼각형에 대한 설명으로 맞으면 O, 틀리면 × 표시를 하세요.

   (1) 삼각형은 도형 중에서도 가장 튼튼하고 안정적인 모양이에요. (   )

   (2) 삼각형은 튼튼해 선반 받침대, 다리, 삼각대 등에 많이 쓰여요. (   )

   (3) 세 변의 길이가 정해져도 삼각형은 경우에 따라 모양이 변해요. (   )

3. 다음 도형에서 사용하는 용어와 그에 알맞은 설명을 각각 선으로 연결해 보세요.

   ① 변　　　　　　　　　　　㉠ 도형에서 두 점을 곧게 이은 선

   ② 선분　　　　　　　　　　㉡ 삼각형에서 변과 변이 만나는 점

   ③ 꼭짓점　　　　　　　　　㉢ 삼각형을 이루는 선분

4. 다음 글의 밑줄에 들어갈 알맞은 말을 써 넣으세요.

   일직선 위에 놓여 있지 않은 세 개의 점과 선분으로 이루어진 도형을 삼각형이라고 해요. 따라서 삼각형은 변의 개수도 세 개, 꼭짓점의 개수도 세 개예요. 사각형은 네모, 삼각형은 _____ 라고도 해요.

읽어 보아요

23 기찻길은 평행선인가요?

우리가 길을 가다 보면 구불구불한 길도 있고 똑바로 난 곧은길도 있어요. 이와 마찬가지로 선에도 굽은 선과 곧은 선이 있는데, 굽은 선을 **곡선**, 곧은 선을 **선분** 또는 **직선**이라고 해요. 선분은 두 점을 곧게 이은 선이고, 직선은 선분을 양쪽으로 끝없이 늘인 곧은 선이에요. 고대 그리스 수학자 **유클리드**는 점이란 크기가 없고 위치만 표시한 것이고, 선이란 길이만 있고 폭이 없는 것이라고 정리했답니다.

그렇다면 **평행선**은 무엇을 말할까요? 평행선은 같은 평면 위에서 서로 평행인 두 직선을 말해요. 한 직선에 수직인 두 직선을 그으면 두 직선은 절대로 만나지 않아요. 서로 평행선이 되는 것이지요. 그러면 지하철이나 기차의 선로는 서로 나란히 가니까 평행선일까요?

기찻길은 평행이기는 하지만 평행선은 아니랍니다. 기찻길은 직선이 아니기 때문이지요. 지하철이나 기차의 선로는 똑바른 직선 구간도 있지만 휘어진 곡선 구간도 많아요. 평행선은 다음 두 가지 조건을 갖추어야 해요. 첫째, 아무리 늘여도 서로 만나지 않아야 해요. 둘째, 직선이어야 해요. 따라서 기찻길은 직선이 아니므로 평행선이라고 할 수 없답니다.

수직	직선과 직선, 평면과 평면이 서로 만나 직각을 이루는 상태.
선로	기차나 전차의 바퀴가 굴러가도록 레일을 깔아 놓은 길.

> 풀어 보아요

1. 선은 굽은 선도 있고 곧은 선도 있어요. 그중에서 굽은 선을 무엇이라고 하나요?

2. 평행선에 대한 설명으로 옳지 않은 것을 고르세요.

   ① 서로 평행인 두 직선을 평행선이라고 해요.

   ② 한 직선에 수직인 두 직선은 절대로 만나지 않아요.

   ③ 지하철이나 기차의 선로는 서로 나란하니까 평행선이에요.

   ④ 평행선은 같은 평면 위에 있어야 해요.

3. 다음 도형에서 사용하는 용어와 그에 알맞은 설명을 각각 선으로 연결해 보세요.

   ① 선분 •   • ㉠ 길이만 있고 폭이 없는 것

   ② 직선 •   • ㉡ 두 점을 곧게 이은 선

   ③ 점 •   • ㉢ 선분을 양쪽으로 끝없이 늘인 곧은 선

   ④ 선 •   • ㉣ 크기가 없고 위치만 표시한 것

4. 다음 글의 밑줄에 공통으로 들어갈 알맞은 말을 써 넣으세요.

   기찻길은 평행이기는 하지만 _____이 아니기 때문에 평행선이 아니에요. 기찻길은 똑바른 구간도 있지만 굽은 구간도 많아요. 평행선은 아무리 늘여도 서로 만나지 않아야 하고, 또 _____이어야 해요.

쏙쏙 쏙쏙 문해력 완성 ❸

동물 그림 알아맞히기

인터넷 가상 동물원에서 동물들이 놀고 있어요. 그런데 동물의 색깔은 나타나지 않고 모양만 보이네요. 그래도 무슨 동물인지 알 수 있겠지요? 무슨 동물인지 아래의 빈칸에 써 보세요.

(1)  _____ (2) _____

(3) _____

(4) _____   (5) _____

(6) _____

(7) _____   (8) _____

읽어 보아요

24 들이와 무게의 단위

컵이나 **비커**, 주전자 등 그릇 안쪽 공간의 **용량**이 얼마나 되는지 나타낸 것을 **들이**라고 해요. 들이를 비교할 때에는 '많다', '적다' 또는 '크다', '작다'와 같은 말을 사용해요.

들이를 재는 **단위**는 **리터**, **밀리리터** 등이 있어요. 한 모서리의 길이가 1센티미터인 정육면체의 부피와 같은 들이를 1㎖라고 하고, '1밀리리터'라고 읽어요. 한 모서리의 길이가 10센티미터인 정육면체의 부피와 같은 들이를 1ℓ라고 하고, '1리터'라고 읽어요. 1ℓ는 1,000㎖와 같아요. 따라서 3,650㎖=3ℓ 650㎖로 바꿔 쓸 수 있어요.

무게는 어떤 물체의 무거운 정도를 나타내요. 무게를 비교할 때는 '무겁다', '가볍다'와 같은 말을 사용해요. 무게를 재는 단위는 **그램**, **킬로그램**, **톤** 등이 있어요. 무게의 단위는 부피가 같더라도 물체마다 무게가 다르기 때문에 물 1세제곱센티미터의 무게를 1g이라고 하고, '1그램'이라고 읽어요. 1g의 1,000배인 1,000g은 1kg이라고 하고, '1킬로그램'이라고 읽어요. 1kg의 1,000배인 1,000kg은 1t이라고 하고, '1톤'이라고 읽어요. 따라서 1,000,000g=1,000kg=1t이에요. 3,650g=3kg 650g으로 바꿔 쓸 수 있어요.

낱말풀이

- **비커** 입이 달린 원통 모양의 실험용 유리그릇.
- **용량** 가구나 그릇 같은 데 들어갈 수 있는 분량.
- **단위** 길이, 무게, 수효, 시간 등의 수량을 수치로 나타낼 때 기초가 되는 기준.

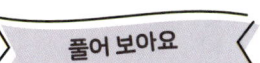

1. 그릇 안쪽 공간의 용량이 얼마나 되는지 나타낸 것을 무엇이라고 하나요?

   |　|　|

2. 들이를 비교할 때 사용하는 말로 적당하지 <u>않은</u> 것을 고르세요.

   ① 많다　　　　　　② 적다
   ③ 크다　　　　　　④ 가볍다

3. 빈 바구니에 무게가 같은 사과 8개를 담아 무게를 재었더니 4kg 500g이었어요. 여기에 똑같은 무게의 사과 3개를 더 담았더니 6kg이 되었어요. 이때 바구니의 무게는 얼마일까요?

   ① 400g　　　　　　② 500g
   ③ 600g　　　　　　④ 700g

4. 다음 글을 잘 읽고 합이 얼마인지 밑줄에 써 넣으세요.

   > 서윤이는 우유를 좋아해요. 아침에 우유 500㎖를 먹고, 점심에 360㎖를 먹었어요. 학교가 끝나고 집에 돌아와 저녁에 우유를 컵에 따라 380㎖를 또 먹었어요. 서윤이가 오늘 하루 동안 먹은 우유의 총량은 _____ℓ _____㎖ 일까요?

읽어 보아요

25 분수로 재산을 나눈 노인

옛날에 한 노인이 숨을 거두면서 세 아들에게 유언을 남겼어요.

"내가 그동안 낙타를 길러 모두 17마리가 됐구나. 그중 2분의 1은 큰아들에게 주고, 3분의 1은 둘째에게, 9분의 1은 막내에게 줄 테니, 낙타를 죽이지 말고 잘 기르려무나."

얼마 뒤 아버지가 돌아가시자, 아들들은 아버지의 유언대로 낙타를 나누려 했어요. 그런데 17마리를 유언대로 나누기가 **난감했어요**. 맏아들이 2분의 1을 가져야 하니 17÷2=8.5마리라서 낙타를 잡지 않으면 나눌 수가 없었지요. 세 아들은 **현자**를 찾아가 낙타를 나누어 달라고 부탁했어요. 그랬더니 현자는 낙타 1마리를 끌고 와 말했어요.

"자, 이제 낙타가 18마리가 되었소. 2분의 1인 9마리는 맏아들, 3분의 1인 6마리는 둘째, 9분의 1인 2마리는 막내가 가지면 돼요. 그럼 모두 17마리이니 나머지 한 마리는 도로 내가 가져가겠소."

현자는 껄껄 웃으며 끌고 왔던 낙타를 끌고 갔답니다.

"분명히 17마리로는 계산이 안 됐는데, 18마리가 되니 딱 떨어지네."

세 아들은 물론 고을 사람들도 현자의 지혜에 감탄했답니다.

낱말풀이

난감하다 이렇게 하기도 저렇게 하기도 어려워 처지가 매우 딱하다.
현자 어질고 지혜로운 사람.

풀어 보아요

1. 이 글을 통해 알 수 있는 것은 무엇인가요?

① 어려운 일도 지혜를 발휘하면 잘 해결할 수 있어요.

② 유산을 나눌 때는 분수를 사용하면 안 돼요.

③ 노인이 세 아들에게 낙타를 나누어 준 것은 잘못이에요.

④ 현자는 문제를 푼 대가로 낙타 1마리를 받았어요.

2. 노인이 세 아들에게 낙타를 유산으로 얼마씩 나누어 주었는지 분수로 써 보세요.

(1) 첫째 아들 : (   )

(2) 둘째 아들 : (   )

(3) 셋째 아들 : (   )

3. '난감하다'의 쓰임으로 알맞지 않은 것을 고르세요.

① 회장으로 누구를 뽑아야 할지 선택하기가 난감하다.

② 집에 갈 수도 안 갈 수도 없어 참으로 난감하다.

③ 우리는 옷차림이 산뜻해 기분이 난감하다.

④ 누나 몰래 과자를 먹다 들켜 난감한 처지에 놓였다.

4. 다음 글의 밑줄에 들어갈 알맞은 말을 써 넣으세요.

> 분수는 분자와 분모로 구성되어 있는데, 분수에서 중요한 역할을 하는 것은 _____ 예요. 피자 한 판을 둘이 똑같이 나누어 먹으면 내 몫은 1/2, 셋이 나누어 먹으면 1/3, 넷이 나누어 먹으면 1/4이 돼요. 이처럼 분수에서는 분자가 같으면 분모가 클수록 작은 수가 돼요.

읽어 보아요

26 일주일은 왜 7일인가요?

사람들은 지구가 태양을 한 바퀴 도는 것을 기준으로 일 년을 정하고, 달이 지구를 한 바퀴 도는 것을 기준으로 한 달을 정했으며, 지구가 스스로 한 바퀴 도는 것을 기준으로 하루를 정했어요. 그런데 일주일은 무엇을 기준으로 삼아 6일이나 8일이 아니고 7일이 되었을까요?

어떤 학자들은 '주일'이 **장날**의 간격에서 비롯됐을 것으로 보고 있어요. 예를 들어 이집트인은 10일, 로마인은 9일마다 장을 열었지요. 일주일이 7일로 고정된 데에는 다음과 같은 이유가 있어요.

첫째, 달은 **음력** 한 달인 29.5일 동안 초승달, 상현달, 보름달, 하현달을 보여 줘요. 그 변화가 대략 7일마다 돌아오기 때문이에요. 둘째, 고대 바빌로니아 사람들이 7을 신성한 숫자로 여겨 휴식을 취했어요. 셋째, 옛날 사람들은 하늘에 태양, 달, 화성, 수성, 목성, 금성, 토성의 일곱 **천체**가 있다고 믿었어요. 마지막으로는 유대교의 **안식일**에서 영향을 받았어요. 이중 몇 가지 이유가 합해져 일주일이 7일이 되었을 것으로 보고 있답니다.

천체 우주에 존재하는 물체.
안식일 유대교에서 성스러운 날로 삼은 일곱 번째 날.

풀어 보아요

1. 옛날 사람들은 하늘에 일곱 천체가 있다고 믿었는데, 다음 빈칸에 들어갈 알맞은 천체를 써 넣으세요.

   태양 - 달 - 화성 - 수성 - 목성 - (　　　) - 토성

2. 다음 연월일이 무엇을 기준으로 정해졌는지 알맞은 설명을 각각 선으로 연결해 보세요.

   ① 일 년　•　　　　　　　•　㉠ 달이 지구를 한 바퀴 도는 것

   ② 한 달　•　　　　　　　•　㉡ 지구가 스스로 한 바퀴 도는 것

   ③ 하루　•　　　　　　　•　㉢ 지구가 태양을 한 바퀴 도는 것

3. 다음 중 일주일이 7일로 고정된 이유로 알맞지 않은 것을 고르세요.

   ① 초승달, 상현달, 보름달, 하현달의 변화가 대략 7일마다 변하기 때문이에요.

   ② 유대교의 성스러운 날인 안식일에서 영향을 받았을 거예요.

   ③ 7은 행운의 숫자이기 때문에 일주일의 단위로 삼았어요.

   ④ 고대 바빌로니아 사람들이 7을 신성한 숫자로 여겨 휴식했기 때문이에요.

4. 다음 글의 밑줄에 들어갈 알맞은 말을 써 넣으세요.

   우리말로 날짜를 셀 경우에는 따로 사용하는 말이 있어요. 첫째 날부터 시작해 하루(1일), 이틀(2일), 사흘(3일), _____(4일), 닷새(5일), 엿새(6일), 이레(7일), 여드레(8일), 아흐레(9일), 열흘(10일)이랍니다.

읽어 보아요

27 천 리 길도 한 걸음부터!

우리나라는 옛날부터 길이를 잴 때 **치**, **자**, **척**과 같은 단위를 사용했어요. 미국에서는 인치와 피트 같은 단위를 사용하지요. 이렇게 나라마다 길이를 재는 단위가 달라 불편한 점이 많았어요. 그래서 18세기 후반에 프랑스에서 **미터법**을 만들었어요.

1미터는 지구 한 바퀴의 길이를 4,000만 개로 나눈 거랍니다. 길이를 재는 단위에는 mm(밀리미터)와 cm(센티미터), m(미터), km(킬로미터)가 있어요. 1킬로미터=1,000미터, 1미터=100센티미터, 1센티미터=10밀리미터랍니다. 미터법에 따르면, 길이와 **너비**는 미터, 부피는 리터, 무게는 킬로그램이 기본 단위예요. 지금은 미국, **미얀마**, **라이베리아**를 뺀 전 세계가 미터법을 공통으로 쓰고 있어요.

'천 리 길도 한 걸음부터'라는 속담이 있어요. 무슨 일이든지 시작이 중요하다는 뜻이지요. 이때 '천 리'는 얼마나 먼 거리일까요?

리는 거리를 나타내는 단위예요. '거리'는 수학에서 '두 개의 물건이나 장소가 공간적으로 떨어진 길이'를 말해요. 1리는 미터로 바꾸면 393미터예요. 그래서 '1,000리'는 393미터×1,000리=393,000미터가 돼요. 이것을 킬로미터로 바꾸면 393킬로미터가 되지요. 서울에서 부산까지 가야 하는 먼 거리랍니다.

낱말풀이

너비   평면에 걸쳐 있는 공간이나 범위의 크기.

> 풀어 보아요

1. 《엄마 찾아 3만 리》라는 동화가 있어요. 이탈리아 소년이 돈을 벌기 위해 아르헨티나로 떠난 엄마를 찾아가는 내용이에요. 이때 1리는 393미터라면, '3만 리'는 킬로미터로 나타내면 얼마인가요?

   ① 1,179킬로미터　　　　　　　② 11,790킬로미터
   ③ 117,900킬로미터　　　　　　④ 알 수 없어요.

2. 길이를 잴 때 우리나라에서 옛날부터 사용하던 단위가 <u>아닌</u> 것은 무엇인가요?

   ① 자　　　　　　　　　　　　② 치
   ③ 인치　　　　　　　　　　　④ 척

3. 미터법에 대한 설명으로 맞으면 O, 틀리면 × 표시를 하세요.

   (1) 1미터는 지구 한 바퀴의 길이를 4,000만 개로 나눈 거예요. (　　)
   (2) 길이를 재는 단위에는 cm(센티미터), m(미터), km(킬로미터) 등이 있어요.
   (　　)
   (3) 1킬로미터=100미터, 1미터=10센티미터예요. (　　)
   (4) 길이와 너비는 미터, 부피는 킬로미터, 무게는 리터가 기본 단위예요. (　　)

4. 다음 글의 밑줄에 들어갈 알맞은 말을 써 넣으세요.

   > 물체의 길이는 '한끝에서 다른 한끝까지의 거리'를 말하는데, 보통 길이는 가장 긴 거리를 가리켜요. 예를 들어 책상의 크기를 말할 때 가로는 길이, 세로는 _____로 구분해 부를 수 있어요.

읽어 보아요

28 똑딱똑딱 시간과 시각

시계의 짧은바늘은 시를 나타내고, 긴바늘은 분을 나타내요. 짧은바늘인 시침과 긴바늘인 분침이 있는 시계에는 1부터 12까지의 숫자가 쓰여 있어요. 시를 나타내는 각각의 숫자 사이에는 4개의 작은 눈금이 있지요.

시침이 숫자 7을 가리키고 분침이 12를 가리키면 7시예요. 그리고 분침이 작은 눈금을 한 칸씩 움직일 때마다 1분이 흘러요. 분침이 숫자 5를 가리키면 5×5가 되어 25분, 9를 가리키면 5×9가 되어 45분이지요.

시각을 읽을 때는 열 배마다 윗자리로 올려 가는 10**진법**을 쓰지 않고 60진법을 따라요. 즉 1분은 60초, 1시간은 60분이에요. 시계의 초, 분처럼 60을 한 단위로 묶어 위의 자리로 올려 가는 방법으로 수를 적는 것을 '60진법'이라고 해요. 시간은 60진법을 활용한 좋은 예랍니다.

시간은 시각과 비슷한 말 같지만 뜻이 달라요. 시각은 시간의 어떤 한 지점인 '때'를 가리켜요. 시간은 어떤 시각부터 어떤 시각까지의 '동안'을 가리켜요. 그래서 "지금 몇 시예요?" 하는 질문에 "지금 시각은 10시 20분이에요." 하고 대답해야 정확하지요.

진법   수를 표기하는 방법.

70

> 풀어 보아요

1. 시계의 초와 분처럼 60을 한 단위로 묶어 위의 자리로 올려 가는 방법으로 수를 적는 것을 무엇이라고 하나요?

2. 시간과 시각에 대한 설명으로 옳지 <u>않은</u> 것을 고르세요.

   ① 시계의 긴바늘은 시를 나타내고, 짧은바늘은 분을 나타내요.

   ② 분침이 숫자 4를 가리키면 5×4가 되어 20분이에요.

   ③ 시간은 어떤 시각부터 어떤 시각까지의 '동안'을 가리켜요.

   ④ 시각은 시간의 어떤 한 지점인 '때'를 가리켜요.

3. 다음 시계를 보고 몇 시 몇 분인지 써 보세요.

   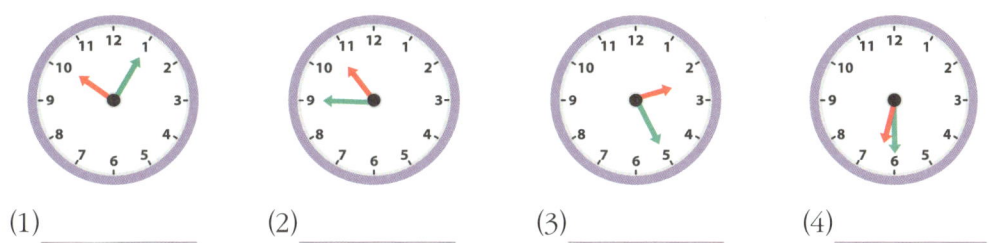

   (1) _____   (2) _____   (3) _____   (4) _____

4. 다음 글의 밑줄에 들어갈 알맞은 말을 써 넣으세요.

   > 시계는 크게 두 종류로 나눌 수 있어요. 큰 시계와 휴대용 시계예요. 큰 시계는 벽시계, 탁상시계 등이 있고, 휴대용 시계는 손목에 차는 _____, 몸에 지닐 수 있게 만든 회중시계 등이 있어요.

읽어 보아요

29 이상과 이하, 초과와 미만

어떤 기간을 정할 때 '3일 이상' 또는 '3일 이하'라고 하면 과연 3일째가 포함될까요? **이상**과 **이하**에는 그 날짜까지 포함돼요. 포함하지 않으려면 **초과** 또는 **미만**이라는 용어를 사용해야 해요. 이처럼 수의 범위를 정하는 말에는 이상과 이하, 초과와 미만이 있어요. 이 용어들은 어떤 뜻을 갖고 있을까요?

'이상'은 어떤 수와 같거나 큰 수를 말하고, '이하'는 어떤 수와 같거나 작은 수를 말해요. '초과'는 어떤 수보다 큰 수, '미만'은 어떤 수보다 작은 수를 말하지요.

집에서 텔레비전 드라마나 영화를 볼 때 '12세 이상 관람 가'라고 된 자막이 나올 때가 있어요. 여기서 '이상'은 어떤 수와 같거나 큰 수이므로 11세까지는 볼 수 없고 12세부터 볼 수 있다는 말이에요. '15세 이하 관람 불가'라고 돼 있으면 '이하'는 어떤 수와 같거나 작은 수를 뜻하기 때문에 15세까지는 볼 수 없고 16세가 되어야 볼 수 있다는 말이지요.

이처럼 이상과 이하, 초과와 미만은 기준이 되는 수를 포함하느냐 마느냐를 가르는 기준이 되기 때문에 잘 알고 있어야 일상생활에서 불편을 겪지 않는답니다.

낱말풀이

용어 일정한 분야에서 주로 사용하는 말.
관람 연극, 영화, 운동 경기, 미술품 따위를 구경함.

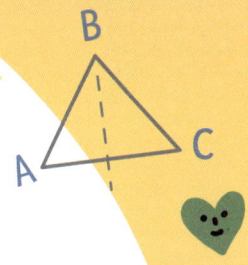

1. 아래 빈칸에 공통으로 들어갈 알맞은 말을 써 넣으세요.

   ▶ 이 영화는 공포물이오니 임산부, 노약자, 어린이는 _____을 삼가 주십시오.
   ▶ 이 드라마는 미성년자 _____ 불가입니다.
   ▶ 단체 _____을 원하는 고객께서는 오른쪽에 서 주세요.

2. 다음 중 13 초과 15 이하의 자연수를 모아 놓은 것을 고르세요.

   ① 13　　　② 14, 15　　　③ 13, 14, 15　　　④ 15

3. 수의 범위를 정하는 용어와 그에 알맞은 설명을 각각 선으로 연결해 보세요.

   ① 이상　　•　　　　•　㉠ 어떤 수보다 작은 수
   ② 이하　　•　　　　•　㉡ 어떤 수와 같거나 큰 수
   ③ 초과　　•　　　　•　㉢ 어떤 수와 같거나 작은 수
   ④ 미만　　•　　　　•　㉣ 어떤 수보다 큰 수

4. 다음 글을 잘 읽고 종수가 가야 하는 팀을 고르세요.

   체육 시간에 선생님께서 130센티미터 미만은 A팀, 130센티미터 이상~135센티미터 이하는 B팀, 135센티미터 초과는 C팀으로 가라고 하셨어요. 종수는 키가 135센티미터인데 어느 팀으로 가야 할까요?

   ① A팀　　② B팀　　③ C팀　　④ 어느 팀에 가도 상관없다.

쏙쏙 쏙쏙 문해력 완성 ❹

접속사

접속사는 앞 문장의 뜻을 뒤의 문장에 이어 주면서 뒤의 말을 꾸며 주는 것이에요. 문장에는 다음과 같은 접속사가 많이 쓰여요.

▶ 그리고 : 앞의 내용에 덧붙이는 내용이 이어질 때 써요.
▶ 그런데 : 앞의 내용과 관련되지만 다른 방향으로 이끌어 나갈 때 써요.
▶ 그러나 : 앞의 내용과 뒤의 내용이 서로 반대될 때 써요.
▶ 그래서 : 앞의 내용이 뒤의 내용의 원인이나 근거, 조건이 될 때 써요.

다음 문장의 접속사로 알맞은 것이 무엇인지 〈보기〉에서 골라 빈칸에 써 보세요.

〈보기〉 그리고 그런데 그러나 그래서

1. 나는 어제 많이 아팠어요. ☐ 학교에 결석했어요.

2. 미주는 얼른 밥을 먹었어요. ☐ 재빨리 이를 닦았어요.

3. 우리는 열심히 손을 흔들었어요. ☐ 선수 중 아무도 돌아보는 사람이 없었어요.

4. 동생은 벌써 숙제를 하고 밖으로 나갔어요. ☐ 나는 아직도 숙제가 남아서 놀 수가 없었어요.

5. "아, 그렇군요. ☐ 왜 그때는 말씀을 안 하셨습니까?"

6. 나이테는 일 년에 한 개씩 생겨요. ☐ 나이테를 보면 나무의 나이를 알 수 있어요.

7. 성우는 도서관에 갔어요. ☐ 공부는 안 하고 친구들과 놀기만 했어요.

8. 민수는 자리에서 일어났어요. ☐ 창문을 활짝 열었어요.

읽어 보아요

동식물

30 나무와 풀은 어떻게 다른가요?

산으로 들로 다니다 보면 여러 가지 식물을 만날 수 있어요. **아름드리나무**에서부터 땅바닥에 붙어 사는 작은 풀까지 종류가 다양하지요. 그중 어떤 것은 나무라 하고 어떤 것은 풀이라 하는데, 나무와 풀을 구분할 줄 아나요?

나무와 풀은 대부분 한곳에 뿌리를 박고, 햇빛을 받아 스스로 **양분**을 만들어 살아가요. 그리고 꽃을 피우고 열매를 맺는 식물이라는 공통점이 있어요. 그러면 어떤 점이 다를까요?

나무와 풀은 생김새에 따라 구분할 수 있어요. 나무는 키가 크고 줄기가 굵고 단단하며 가지가 많아요. 풀은 키가 작고 줄기가 가늘고 약하며 가지가 적어요. 또 나무와 풀은 **수명**도 달라요. 보통 소나무, 잣나무, 단풍나무, 은행나무, 목련, 향나무, 개나리 등 나무에 속하는 식물은 수십 년에서 수백 년 동안 사는 **여러해살이 식물**이 대부분이지만, 토끼풀, 강아지풀, 나팔꽃, 민들레, 애기똥풀, 명아주, 호박꽃, 수박 등 풀에 속하는 식물은 한해살이 또는 두해살이 식물이 대부분이에요. 그래서 한해살이풀은 겨울이 되면 죽고 씨를 남겨 겨울을 나지만, 여러해살이 식물은 잎을 떨어뜨리고 가지만 남긴 채 겨울을 난답니다.

아름드리나무 둘레가 한 아름이 넘는 큰 나무.
수명 생물이 살아 있는 기간.

> 풀어 보아요

1. 만 1년 이상 생존하는 식물을 통틀어 이르는 말로, 다년생 식물이라고도 하는 식물은 무엇인가요?

   | | | | | | 식물

2. 다음 중 나무에는 빨간색, 풀에는 파란색을 칠해 보세요.

3. 다음 중 나무의 특성에는 '나무', 풀의 특성에는 '풀', 나무와 풀의 공통점에는 '공통'이라고 쓰세요.

   (1) 키가 크고 줄기가 굵고 단단하며 가지가 많아요. (   )

   (2) 꽃을 피우고 열매를 맺는 식물이에요. (   )

   (3) 키가 작고 줄기가 가늘고 약하며 가지가 적어요. (   )

   (4) 수십 년에서 수백 년 동안 사는 여러해살이 식물이 대부분이에요. (   )

   (5) 햇빛을 받아 스스로 양분을 만들어 살아가요. (   )

   (6) 겨울이 되면 죽고 씨를 남겨 겨울을 나요. (   )

   (7) 잎을 떨어뜨리고 가지만 남기고 겨울을 나요. (   )

동식물

> 읽어 보아요

31 나뭇잎은 왜 색깔이 바뀔까요?

날씨가 쌀쌀해지는 가을이면 초록색이던 나뭇잎들이 하나둘 옷을 갈아입어요. 울긋불긋 곱고 아름다운 단풍이 들지요. 가을이 되면 초록색 나뭇잎은 왜 색깔이 변할까요? 여름에는 잎 속에 영양분을 만드는 **엽록소**가 많아서 나뭇잎이 초록색으로 보여요. 그렇지만 햇빛이 적은 가을이 되면 나무는 겨울을 나기 위해 자라는 것을 잠시 멈춰요. 겨우내 먹을 물을 빼앗기지 않으려고 줄기에서 잎으로 통하는 길을 막는 거예요. 나뭇잎은 뿌리에서 물을 공급받지 못하고, 잎에서 만든 영양분도 줄기로 옮겨 가지 못해요. 그러면서 녹색 화합물인 엽록소가 죽고, 그동안 안 보이던 노랑이나 빨강 같은 색소들이 모습을 드러내요. 바로 **단풍**이 드는 거예요.

단풍나무, 떡갈나무, 밤나무처럼 가을에 잎의 색깔이 변하는 나무를 **낙엽수**라고 해요. 낙엽수는 겨울에 낙엽을 떨구고 따뜻한 봄이 오면 다시 새잎을 틔워요. 이와 달리 겨울에도 초록색 잎을 그대로 가지고 있는 **상록수**도 있어요. 소나무, 전나무, 잣나무 같은 상록수는 잎이 뾰족해 물이 적게 날아가기 때문에 잎을 떨구지 않아도 돼요.

나무는 잎의 넓고 좁음에 따라 종류를 나누기도 하는데, 잎이 넓은 나무는 **활엽수**, 잎이 좁은 나무는 **침엽수**라고 해요.

> **낱말풀이**
> **엽록소** 녹색 식물의 잎 속에 들어 있는 녹색 화합물.
> **낙엽수** 가을이나 겨울에 잎이 떨어졌다가 봄에 새잎이 나는 나무.
> **상록수** 사철 내내 잎이 푸른 나무.

1. 식물이 광합성을 하는 데 가장 중요한 요소로, 빛에서 에너지를 흡수해 영양분을 만드는 녹색 화합물은 무엇인가요?

2. 다음 중 낙엽수에는 빨간색, 상록수에는 파란색을 칠해 보세요.

   뽕나무   소나무   전나무   단풍나무

   밤나무   대나무   향나무   떡갈나무

3. 단풍에 대한 설명으로 옳지 않은 것을 고르세요.

   ① 가을에 나뭇잎이 울긋불긋 물드는 것을 단풍이라고 해요.
   ② 단풍이 든 나무들은 겨울에 잎이 떨어지고 봄에 새잎이 돋아나요.
   ③ 엽록소가 죽고 노랑이나 빨강 같은 색소들이 드러나 단풍이 들어요.
   ④ 낙엽수는 물론 상록수도 단풍이 들어요.

4. 다음 글의 밑줄에 들어갈 알맞은 말을 써 넣으세요.

   잎이 바늘 모양인 (1) _____는 소나무, 잣나무, 향나무 등이 있고, 건축 자재로 많이 쓰여요. 잎이 넓은 (2) _____는 떡갈나무, 뽕나무, 상수리나무 등이 있으며, 가구와 악기 등에 많이 쓰여요.

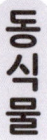

동식물

읽어 보아요

32 달걀은 왜 타원형일까요?

동물은 땅 위 또는 물속에 다양한 모양의 알을 낳아요. 둥근 모양도 있고, 길쭉한 모양도 있으며, 끈에 매달린 알도 있어요. 그중 달걀은 약간 길쭉하게 둥근 **타원**이에요. 달걀이 타원형인 것은 과학적인 이유가 있답니다.

먼저 달걀처럼 생긴 타원형은 공처럼 둥그런 구가 아니어서 잘 굴러가지 않는 특징이 있어요. 게다가 달걀은 한쪽이 약간 더 둥글고 다른 쪽은 뾰족한 타원이에요. 공처럼 둥글다면 데굴데굴 구르다 어딘가에 부딪쳐 깨질지도 모르는데, 달걀은 일부러 굴리려 해도 멀리 굴러가지 않아요. 실제로 달걀을 굴려 보면 뾰족한 쪽으로 기울어 굴러가기 때문에 원을 그리며 제자리로 돌아와요. 따라서 닭이 알을 품을 때 알을 이리저리 돌려도 멀리 가지 않아 골고루 품을 수 있답니다. 또 타원형 모양은 누르는 힘에도 잘 깨지지 않는 장점이 있어요.

달걀을 비롯한 오리 알, 메추리 알, **원앙** 알 등 새의 알은 거의 모두 달걀처럼 타원형이에요. 물론 그렇지 않은 알도 있어요. 바다거북의 알은 탁구공처럼 동그랗게 생겼어요. 바다거북은 모래 속에 알을 낳기 때문에 알이 구를 염려가 없기 때문이지요.

낱말풀이

원앙　오릿과의 물새로 천연 기념물.

> 풀어 보아요

1. 닭이 낳은 알인 달걀은 한자어로 달리 부르는 이름이 있어요. 무엇일까요?

2. 달걀에 대한 설명으로 맞으면 O, 틀리면 × 표시를 하세요.

   (1) 약간 길쭉하게 둥근 타원으로 된 모양이에요. (   )

   (2) 공처럼 둥그런 구라서 잘 굴러가는 특징이 있어요. (   )

   (3) 누르는 힘에 약해 잘 깨지는 단점이 있어요. (   )

   (4) 닭이 알을 품을 때 이리저리 돌려 골고루 품을 수 있어요. (   )

3. 다음 동물의 알 중 타원형이 <u>아닌</u> 것은 무엇인가요?

   ① 오리 알   ② 바다거북 알
   ③ 메추리 알   ④ 타조 알

4. 다음 글의 밑줄에 들어갈 알맞은 말을 써 넣으세요.

   > 달걀은 알껍데기, 노른자, 흰자로 이루어져 있어요. 알의 색깔은 흰색, 갈색 등 다양해요. 어미 닭이 알을 품은 지 약 21일이 지나면 _____가 알껍데기를 깨고 나와요.

> 읽어 보아요

33 나무의 나이를 알려 주는 나이테

톱으로 나무를 자른 면을 본 적이 있나요? 잘린 면을 보면 둥근 원 모양이 여러 개 있는 것을 알 수 있어요. 이것이 바로 **나이테**예요. 나이테는 왜 생긴 걸까요?

나무는 햇빛과 공기와 물을 영양분으로 삼아 자라요. 봄부터 여름까지는 햇빛이 많고 물도 충분해 키도 크고 둘레도 굵어져요. 이때 자란 나무줄기는 부드럽고 연한 색을 띠어요. 하지만 가을부터는 달라져요. 햇빛이 적고 물도 충분하지 않아 나무가 자라는 속도가 느려져요. 이때 자란 나무줄기는 진한 색을 띠어요. 우리나라처럼 사계절이 있는 나라에서는 나이테가 일 년에 한 개씩 생겨요. 그래서 나이테를 보면 나무의 나이를 알 수 있어요. 나이테는 사계절이 뚜렷한 곳에서 자란 나무일수록 더 뚜렷하게 나타나요.

나이테의 원은 일정하게 나타나지는 않아요. 폭이 넓은 곳도 있고 좁은 곳도 있어요. 나무가 햇빛과 물을 잘 공급받아 무럭무럭 자란 해에는 나이테의 폭이 넓고, 햇빛이 적거나 가뭄이 든 해에는 나이테의 폭이 좁게 나타나요. 나무의 나이테를 관찰하면 나무가 자랐을 때의 **강수량**이나 햇빛의 양, 기온 등을 추측할 수 있어요.

> 낱말 풀이

강수량 비, 눈, 우박, 안개 등 일정 기간 동안 일정한 곳에 내린 물의 총량.

풀어 보아요

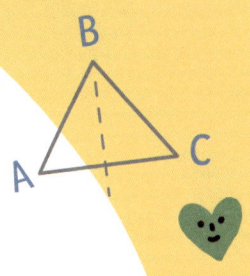

1. 나무의 줄기나 가지를 가로로 자른 면에 나타나는 둥근 원을 무엇이라고 하나요?

2. 다음 중 '자르다 - 잘리다'와 같은 관계로 이루어진 낱말을 찾아보세요.

   ① 기쁘다 - 즐겁다   ② 가볍다 - 무겁다

   ③ 안다 - 안기다   ④ 고치다 - 수리하다

3. 나이테에 대한 설명으로 맞으면 O, 틀리면 X 표시를 하세요.

   (1) 나이테를 보면 나무의 나이를 알 수 있어요. (   )

   (2) 추운 지방에서는 나이테가 일 년에 두 개씩 생겨요. (   )

   (3) 더운 지방에서 자란 나무일수록 더 뚜렷하게 나타나요. (   )

   (4) 나이테의 원은 폭이 넓은 곳도 있고 좁은 곳도 있어요. (   )

4. 다음 글의 밑줄에 들어갈 알맞은 말을 써 넣으세요.

   > 나이테는 계절이 변화함에 따라 나무가 자라는 성장 속도의 차이로 생겨요. 일 년마다 하나씩 생기기 때문에 나무의 나이를 알 수 있어서 나이바퀴라고도 해요. _____이 뚜렷한 곳에서 자란 나무일수록 더 뚜렷하게 나타나요.

읽어 보아요

34 선인장 가시의 비밀

식물이 자라는 데 없어서는 안 되는 것이 물이에요. 물이 없으면 식물은 양분을 만들 수 없어요. 그래서 비가 적게 내려 물을 구하기 어려운 사막에는 식물이 많지 않아요. 그런데 덥고 메마른 사막에서 자라는 특별한 식물이 있어요. 바로 **선인장**이에요. 선인장은 어떻게 사막에 적응해 살아가는 걸까요?

선인장은 몇 가지 특별한 능력을 갖고 있어요. 먼저 선인장은 한번 비가 오면 많은 물을 몸 안에 저장할 수 있어요. 그래야 다음에 비가 올 때까지 아껴 쓰면서 버틸 수 있으니까요. 또 선인장의 뿌리는 땅속 깊이 뿌리를 내리지 않고 주변으로 넓게 퍼져 있어요. 비가 올 때 쉽게 물을 흡수하도록 적응한 것이지요. 그리고 또 하나, 선인장 **가시**에 비밀이 있어요. 가시는 이슬을 조금씩 모아 뿌리로 보내는 역할을 해요. 가시는 원래 선인장의 잎이 변한 거예요. 사막에서 뜨거운 햇빛을 받아도 많은 물을 **증발**시키지 않도록 작고 좁게 발달시킨 것이지요. 게다가 동물로부터 몸을 지켜 주는 방패 역할도 한답니다. 이와 같은 능력 덕분에 선인장은 물이 거의 없는 사막에서도 살 수 있게 되었어요.

낱말풀이

적응   생물이 주위 환경이나 조건에 알맞도록 변화함.
흡수   식물이 물을 몸 안으로 받아들이는 일.

> 풀어 보아요

1. 식물과 동물이 살아가면서 주위 환경에 알맞도록 변화하는 것을 무엇이라고 하나요?

2. 선인장의 특별한 능력에 대한 설명으로 맞으면 O, 틀리면 X 표시를 하세요.

   (1) 선인장은 많은 물을 몸 안에 저장할 수 있어요. ( )

   (2) 선인장의 뿌리는 물을 얻으려고 땅속 깊이 뿌리를 내려요. ( )

   (3) 선인장의 가시는 이슬을 모아 뿌리로 보내는 역할을 해요. ( )

   (4) 선인장의 가시는 원래 선인장의 줄기가 뾰족하게 변한 거예요. ( )

3. 선인장에 대한 설명으로 옳지 <u>않은</u> 것은 무엇인가요?

   ① 선인장은 사막에서 살아가기에 알맞게 적응했어요.

   ② 선인장은 물이 없어도 살 수 있어요.

   ③ 선인장은 사막에서 햇빛을 받아도 많은 물을 증발시키지 않아요.

   ④ 선인장의 가시는 동물로부터 몸을 지켜 주는 역할을 해요.

4. 다음 글의 밑줄에 들어갈 알맞은 말을 써 넣으세요.

   > 선인장은 대부분 _____가 있고 잎은 없으며, 줄기는 공 모양이거나 원기둥 모양이에요. 꽃은 붉은색, 누런색, 흰색이 있으며 깔때기 모양이에요. 주로 아메리카 대륙의 메마른 땅에서 자라요.

쑥쑥 쏙쏙 문해력 완성 ⑤

낱말 퍼즐

가로 세로 수수께끼의 정답을 찾아 낱말 퍼즐에 동그라미 하세요.
가로 수수께끼는 가로줄에서, 세로 수수께끼는 세로줄에서 찾을 수 있어요.

가로 수수께끼

1. 기체 상태로 되어 있는 물은?
2. 쇠를 끌어당기는 물체는?
3. 아무렇게나 굴려도 오뚝오뚝 일어서는 아이들 장난감은?
4. 편평한 땅의 끝과 하늘이 맞닿아 경계를 이루는 선은?

세로 수수께끼

5. 물체를 만드는 재료는?
6. 물건을 세거나 순서를 매기는 가장 자연스러운 수는?
7. 공기, 수소, 산소와 같이 일정한 모양과 부피를 갖지 않는 물질의 상태는?
8. 늘고 주는 탄력이 있는 꼬불꼬불 나선형으로 된 쇠줄은?

오	규	자	말	자	석
용	원	연	반	피	물
수	주	수	증	기	질
철	명	구	남	체	나
지	평	선	달	준	상
탄	사	저	오	뚝	이

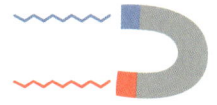

동식물

읽어 보아요

35 앞다리가 쑥! 뒷다리가 쑥!

동요 〈**올챙이**와 개구리〉를 불러 본 적이 있나요?

개울가에 올챙이 한 마리 / 꼬물꼬물 헤엄치다

뒷다리가 쑥 앞다리가 쑥 / 팔딱팔딱 개구리 됐네……

재미있는 이 동요는 올챙이가 개구리가 되는 과정을 노래하고 있어요. 개구리 알이 어떤 과정을 거쳐 올챙이가 되고 개구리가 되는지 알아볼까요?

암컷 개구리는 매년 여름이면 연못이나 논처럼 물이 거의 흐르지 않는 곳에 많은 알을 낳아요. 알은 투명한 관 모양의 우무질에 싸여 있어요. 시간이 지나면서 개구리 알은 머리가 크고, 가느다란 몸에 꼬리가 달려 있는 올챙이로 변해요. 이때 올챙이는 물속에서 생활하기 알맞게 아가미가 있어요. 부화한 뒤 15일이 지나면 올챙이는 뒷다리가 생겨요. 25일이 지나면 앞다리가 나오고 꼬리가 점점 짧아지다 없어져요. 이때부터 어린 개구리는 물과 땅을 오가며 자라지요. 알이 **부화**한 뒤 55일쯤 지나면 비로소 완전한 어른 개구리의 모습을 갖춘답니다. 개구리는 메뚜기, 잠자리, 나비, 벌 등의 곤충을 잡아먹고 살아요.

우무질 젤리와 같이 말랑하고 부드러운 상태의 물질.
아가미 물속에서 사는 동물, 특히 어류의 호흡 기관.

풀어 보아요

1. 물속에서 사는 동물에게 발달한 호흡 기관을 무엇이라고 하나요?

   □□□

2. 개구리에 대한 설명으로 맞으면 O, 틀리면 X 표시를 하세요.

   (1) 연못이나 논처럼 물이 거의 흐르지 않는 곳에 알을 낳아요. (   )

   (2) 개구리 알은 투명한 관 모양의 우무질에 싸여 있어요. (   )

   (3) 알이 부화한 뒤 15일이 지나면 올챙이는 앞다리가 생겨요. (   )

   (4) 25일이 지나면 뒷다리가 나오고 꼬리가 점점 짧아져요. (   )

3. 다음 중 알을 낳는 동물끼리 짝지은 것을 고르세요.

   ① 고양이-비둘기-악어   ② 뱀-잠자리-코알라

   ③ 메뚜기-고래-바다거북   ④ 붕어-개구리-도롱뇽

4. 다음 글의 밑줄에 들어갈 알맞은 말을 써 넣으세요.

   > 물속에서도, 땅 위에서도 생활하는 동물을 _____라고 해요. 양쪽에서 모두 산다는 뜻이지요. 두꺼비, 개구리, 도롱뇽 등이 이런 동물에 속해요.

읽어 보아요

36 곤충은 어떻게 모습이 변할까요?

동식물

곤충은 알에서 깨어나 어른벌레로 자라기까지 몇 단계의 변화를 거쳐요. 그 과정에서 모양이나 형태를 바꾸는데, 이것을 **탈바꿈**이라고 해요. 탈바꿈은 **곤충의 한살이**에서 **번데기** 단계를 거치는 **완전 탈바꿈**과 번데기 단계를 거치지 않는 **불완전 탈바꿈**이 있어요.

완전 탈바꿈을 하는 곤충은 알에서 깨어나 **애벌레**가 되었다가 번데기를 거쳐 어른벌레로 자라나요. 나비, 모기, 파리, 풍뎅이, 무당벌레, 사슴벌레, 장수하늘소 등이 완전 탈바꿈을 하는 곤충이에요. 이런 곤충들은 애벌레와 어른벌레의 모양이 전혀 다르고 각각의 먹이도 달라요. 예를 들어 나비는 애벌레일 때는 기어 다니지만 어른벌레일 때는 다리와 날개가 있지요.

불완전 탈바꿈을 하는 곤충은 알에서 깨어나 애벌레가 되었다가 번데기를 거치지 않고 곧바로 어른벌레로 자라나요. 잠자리, 매미, 사마귀, 메뚜기, 하루살이, 노린재 등이 불완전 탈바꿈을 하는 곤충이에요. 이런 곤충들은 애벌레와 어른벌레의 모양이 비슷한 것도 있고, 완전히 다른 것도 있어요. 예를 들어 사마귀는 알에서 깨어난 애벌레가 사마귀의 모양과 닮았지만, 잠자리는 애벌레일 때는 물속에서 살다가 어른벌레일 때는 날개로 날아다닌답니다.

낱말풀이

번데기 곤충의 애벌레가 어른벌레가 되는 과정에서 한동안 아무것도 먹지 않고 고치 속에 가만히 들어 있는 몸.

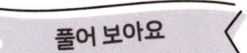

1. 애벌레가 어른벌레가 되는 과정에서 한동안 아무것도 안 먹고 고치 속에 가만히 들어 있는 몸을 무엇이라고 하나요?

2. 다음 중 완전 탈바꿈을 하는 곤충은 빨간색, 불완전 탈바꿈을 하는 곤충은 파란색을 칠해 보세요.

   사마귀   풍뎅이   하루살이   사슴벌레

   나비   노린재   파리   매미

   잠자리   무당벌레   메뚜기   모기

3. 탈바꿈에 대한 설명으로 옳지 <u>않은</u> 것은 무엇인가요?

   ① 완전 탈바꿈을 하는 곤충은 알-애벌레-번데기-어른벌레로 자라나요.

   ② 불완전 탈바꿈을 하는 곤충은 알-애벌레-어른벌레로 자라나요.

   ③ 완전 탈바꿈을 하는 곤충은 애벌레와 어른벌레의 모양이 전혀 달라요.

   ④ 불완전 탈바꿈을 하는 곤충은 애벌레와 어른벌레의 모양이 똑같아요.

4. 다음 빈칸에 들어갈 알맞은 말을 써 넣으세요.

   나비는 (1) _____ 일 때는 기어 다니지만 (2) _____ 일 때는 다리와 날개가 있어서 모양이 전혀 달라요.

동식물

> 읽어 보아요

37 손오공의 모델이 된 황금원숭이

구름을 타고 **여의봉**을 휘두르며 요괴들을 물리치는 **손오공**을 알고 있나요? 손오공은 중국 명나라 때의 작가 오승은이 지은 《서유기》의 주인공이에요. 《서유기》는 손오공이 저팔계, 사오정과 함께 삼장 법사를 모시고 서쪽으로 가서 불경을 구해 오는 이야기예요. 가는 길에 온갖 요괴를 물리치는 손오공의 활약상을 보노라면 정말 흥미진진하지요.

그런데 손오공의 모델은 바로 '황금원숭이'랍니다. 머리와 어깨, 등의 황금빛 털이 아름다운 황금원숭이는 앙증맞은 코와 귀여운 얼굴로 사랑을 받는 동물이에요. 귀여운 곰 **판다**와 **쌍벽**을 이룰 만큼 중국에서 인기가 높은 동물이지요.

황금원숭이는 팔과 다리가 검은색이지만 전체적으로 금빛 털을 갖고 있어서 멀리서도 한눈에 알아볼 만큼 눈에 띄어요. 부드러운 금빛 털로 둘러싸인 얼굴은 푸른빛을 띠는데, 두 눈과 입이 역삼각형 형태를 띤 독특한 모양을 하고 있어요.

황금원숭이의 평균 수명은 20~25년이며, 높은 사막 지대의 대나무가 자라는 숲에서 살아요. 최근 들어 **서식지**의 파괴로 수가 줄어들어 2000년에는 세계 자연 보전 연맹이 **멸종 위기 동물**로 선정했답니다.

낱말풀이

쌍벽 누가 더 뛰어난지 가리기 어려운 둘을 비유적으로 이르는 말.
서식지 동물과 식물 등 생물이 자리를 잡고 사는 곳.

> 풀어 보아요

1. 손오공이 가지고 다니는 무기로, 마음대로 늘어나거나 오므라들게 하여 쓸 수 있는 몽둥이는 무엇인가요?

   ☐ ☐ ☐

2. 황금원숭이에 대한 설명으로 맞으면 O, 틀리면 × 표시를 하세요.

   (1) 머리와 어깨, 등의 황금빛 털이 아름다운 동물이에요. (   )

   (2) 호랑이와 쌍벽을 이룰 만큼 중국에서 인기가 높은 동물이에요. (   )

   (3) 팔과 다리가 흰색이지만 전체적으로 금빛 털을 갖고 있어요. (   )

   (4) 두 눈과 입이 역삼각형 형태를 띤 독특한 모양이에요. (   )

3. '쌍벽'의 쓰임으로 알맞지 않은 것을 고르세요.

   ① 이황과 이이는 조선 시대 성리학에서 쌍벽을 이루는 대학자예요.

   ② 지수와 선우는 성적이 뛰어나기로 쌍벽이에요.

   ③ 쌍벽이 치밀어 오르더니 눈물이 비 오듯 흘렀어요.

   ④ 개와 고양이는 반려동물로 쌍벽을 이루고 있어요.

4. 다음 글의 밑줄에 들어갈 알맞은 말을 써 넣으세요.

   《서유기》는 당나라 승려 현장 법사의 인도 여행에 관한 전설을 바탕으로 지은 작품이에요. 손오공, 저팔계, 사오정이 _____ 와 함께 천축(인도의 옛 이름)에 가서 불경을 가지고 돌아오기까지 있었던 일들을 그렸어요.

동식물

 읽어 보아요

38 철새는 어떻게 이동하나요?

철새는 계절에 따라 먼 거리를 옮겨 다니며 사는 새를 말해요. 더 좋은 환경에서 새끼를 키우거나 겨울을 나기 위해 장거리 여행을 하는 새들이지요. 철새들은 북쪽 시베리아나 몽골에서 우리나라로, 또는 우리나라에서 남쪽 동남아시아로 수천 킬로미터를 이동해요. **시베리아**에서 **오스트레일리아**까지 대륙을 건너 이동하기도 하지요. 그런데 그 먼 거리를 어떻게 방향을 잃지 않고 대규모로 이동하는지 정확하게 알려지지 않았어요.

새를 연구하는 학자들은 철새들이 어떤 방법으로 이동하는지 아직도 연구 중에 있어요. 지금까지 밝혀진 가장 대표적인 이동 방법은 학습에 의한 거예요. 새끼들이 어미를 따라 이동하면서 이동로를 기억하는 방법이지요. 수천 킬로미터에서 1만 킬로미터가 넘는 거리를 학습해서 이동한다니, 철새들의 기억력이 대단하지요? 이 밖에도 태양을 기준점으로 삼아 이동한다거나 별자리의 위치를 이용한 방법, 지구의 **자기장**을 이용하는 방법 등이 있다고 해요.

새들은 동서남북의 방향을 정확하게 찾을 수 있다는 것이 밝혀졌어요. 그렇지만 아직까지 정확히 어떤 방법으로 이동하는지, 어디에서 쉬고 자는지, 또 어디서 먹는지 등 철새 이동의 비밀은 밝혀야 할 것이 많답니다.

 낱말풀이

자기장 자석의 끌어당기는 힘이 작용하는 공간.

> 풀어 보아요

1. **자석의 주변이나 지구의 표면과 같이 자석의 힘이 미치는 공간을 무엇이라고 하나요?**

2. **다음 중 철새에 대한 설명으로 옳지 않은 것은 무엇일까요?**

   ① 기온이 알맞고 먹잇감이 풍부한 곳을 보금자리로 선택해요.

   ② 우리나라에는 철새가 오지 않아요.

   ③ 시베리아에서 오스트레일리아까지 대륙을 건너 이동하기도 해요.

   ④ 제비, 해오라기, 왜가리, 두루미, 기러기 등은 철새예요.

3. **철새들이 먼 거리를 길을 잃지 않고 가는 방법으로 옳지 않은 것을 고르세요.**

   ① 때가 되면 사람들이 지휘해 철새를 이동시켜요.

   ② 새끼들이 어미를 따라 이동하면서 이동로를 기억해요.

   ③ 태양을 기준으로 삼거나 별자리를 이용한 방법으로 이동해요.

   ④ 지구의 자기장을 이용하는 방법이 있어요.

4. **다음 글의 밑줄에 들어갈 알맞은 말을 써 넣으세요.**

   철새는 겨울새와 여름새로 나눌 수 있어요. 두루미, 기러기처럼 가을에 북쪽에서 우리나라로 날아와 겨울을 보내고 이듬해 봄에 다시 북쪽으로 돌아가는 새들이 (1) _____ 예요. 이와 달리 제비, 두견처럼 봄에 날아와 여름을 지내고 가을이 되면 번식을 위해 다시 남쪽으로 이동하는 새들이 (2) _____ 이지요.

읽어 보아요

동식물

39 난생과 태생

동물은 자신을 닮은 후손을 남겨 종족을 **번식**해요. 곤충과 물고기, 개구리, 도마뱀, 닭 등은 알을 낳아 부화시키고, 개, 고양이, 사자, 호랑이 같은 동물은 새끼를 낳아요. 식물은 주로 씨앗을 남기지요. 이렇게 생물은 모두 **멸종**되지 않고 살아남으려는 의지를 갖고 있어요.

동물이 알을 낳은 뒤 그 알이 부화해 새끼를 얻는 것을 **난생**이라고 해요. 알의 크기는 아주 작은 것부터 큰 것까지 제각각이고, 새끼를 낳는 동물보다 엄청나게 많은 수의 알을 낳아요. 알 속에는 새끼가 부화할 때까지 필요한 영양분이 들어 있어요. 그 속에서 생명체가 자라나 일정한 시기가 되면 알을 깨고 나오지요.

어미의 배 속에서 어느 정도 자란 뒤 새끼의 모습으로 태어나는 것을 **태생**이라고 해요. 사람을 포함한 모든 **포유동물**이 태생 동물에 속해요. 태어난 새끼들은 어미의 보호를 받으며 젖을 먹고 자라요. 예외적으로 포유동물 가운데 가시두더지와 오리너구리만 알을 낳으며, 부화한 새끼는 젖을 먹여 길러요.

난생 동물 중에서 알이 몸 안에서 부화되어 **유생**(어린 동물) 형태로 태어나는 동물도 있어요. 우렁이, 살모사, 상어, 가오리 등에서 볼 수 있으며, 이런 동물을 **난태생**이라고 해요.

번식 수가 불고 늘어서 많이 퍼짐.

> 풀어 보아요

1. 알이 몸 안에서 부화되어 유생 형태로 태어나는 동물을 뭐라고 하나요?

2. 다음 중 난생 동물은 빨간색, 태생 동물은 파란색을 칠해 보세요.

   고양이   개구리   기린   붕어

   다람쥐   독수리   도마뱀   고래

   잠자리   캥거루   원숭이   닭

3. 난생 동물에 대한 설명으로 맞으면 O, 틀리면 × 표시를 하세요.

   (1) 알을 낳은 뒤 그 알이 부화해 새끼를 얻는 동물이에요. (   )

   (2) 알의 크기는 아주 작고, 큰 알에는 새끼가 여러 마리 들었어요. (   )

   (3) 새끼를 낳는 태생 동물과 같은 수의 알을 낳아요. (   )

   (4) 알 속에는 새끼가 부화할 때까지 필요한 영양분이 들어 있어요. (   )

4. 태생 동물에 대한 옳지 <u>않은</u> 것을 고르세요.

   ① 사람을 포함한 모든 포유동물이 태생 동물에 속해요.

   ② 새끼가 어미의 배 속에서 어느 정도 자란 뒤 태어나요.

   ③ 태어난 새끼들은 어미의 보호를 받으며 젖을 먹고 자라요.

   ④ 태생 동물은 새끼를 하나나 둘만 낳아요.

쑥쑥 쏙쏙 문해력 완성 ⑥

낱말 색칠하기

1. 다음 중에서 '시간'을 나타내는 낱말을 찾아 **빨간색**으로 색칠해 보세요.

| 신선 | 밤중 | 아래 | 한참 | 사흘 |

| 어제 | 가훈 | 오래 | 노래 | 그저께 |

| 쾌청 | 내일 | 마차 | 이따가 | 천사 |

98

2. 다음 중에서 '자연물'을 나타내는 낱말을 찾아 파란색으로 색칠해 보세요.

| 바람 | 안개 | 전등 | 기차 | 풀잎 |

| 거울 | 노을 | 플라스틱 | 선인장 | 피라미드 |

| 철새 | 다리(교량) | 나비 | 유람선 | 소나기 |

99

인체

> 읽어 보아요

40 피는 왜 빨간색인가요?

우리 몸에 상처가 나면 붉은 피가 나와요. 그런데 공기가 없는 곳에서 보면 피는 붉은 빛이 아니라 노란빛을 띤다고 해요. 피가 붉은 것은 핏속의 **적혈구**에 들어 있는 **헤모글로빈**이 공기 중의 산소와 결합했기 때문이에요. 적혈구에 들어 있는 헤모글로빈은 산소를 실어 나르는 데 꼭 필요한 단백질 성분입니다. 헤모글로빈은 산소와 결합하면 선명한 빨간색으로 보이지만, 이산화 탄소와 결합하면 검붉은 색으로 보여요.

우리 몸의 핏줄에는 **동맥**과 **정맥**, **모세 혈관**이 있어요. 심장에서 피를 신체 각 부분으로 보내는 동맥, 몸의 각 부분에서 혈액을 모아 심장으로 들여보내는 정맥 그리고 온몸에 그물 모양으로 퍼져 있는 매우 가는 핏줄이 모세 혈관이에요. 동맥에 흐르는 피는 산소와 영양분이 담긴 빨간 피예요. 정맥을 흐르는 피는 우리 몸에서 나온 여러 가지 찌꺼기와 이산화 탄소가 있는 검붉은 피랍니다. 동맥은 피부 밑에 깊숙이 자리 잡고 있어서 잘 안 보이지만, 정맥은 피부 근처에 있어서 눈으로 볼 수 있어요. 손등이나 팔목에 보이는 파란 핏줄은 모두 정맥이에요. 정맥을 흐르는 피는 검붉은 색이지만 피부를 통해 보기 때문에 푸른색으로 보인답니다.

적혈구	핏속에 들어 있는 붉은색의 성분. 산소를 몸의 곳곳으로 운반함.
헤모글로빈	적혈구 속에 들어 있는 붉은색의 단백질.

> 풀어 보아요

1. 적혈구 속에 들어 있으며 우리 몸의 각 부분으로 산소를 실어 나르는 데 없어서는 안 되는 중요한 단백질은 무엇인가요?

2. 다음 중 우리 몸에서 혈액이 흐르는 관이 아닌 것은 무엇인가요?

   ① 동맥 ② 정맥
   ③ 식도 ④ 모세 혈관

3. 다음은 동맥과 정맥에 대한 설명이에요. 동맥에 대한 설명이면 '동', 정맥에 대한 설명이면 '정'을 써 넣으세요.

   (1) 심장에서 우리 몸의 곳곳으로 피를 보내는 핏줄이에요. (   )
   (2) 몸의 각 부분에서 혈액을 모아 심장으로 들여보내는 핏줄이에요. (   )
   (3) 산소와 영양분이 담긴 빨간 피가 흐르는 핏줄로, 피부 밑에 깊숙이 자리 잡고 있어서 잘 안 보여요. (   )
   (4) 여러 가지 찌꺼기와 이산화 탄소가 있는 검붉은 피가 흐르는 핏줄로, 피부 가까이 있어서 눈으로 볼 수 있어요. (   )

4. 다음 글의 밑줄에 들어갈 알맞은 말을 써 넣으세요.

   > 심장과 동맥을 거친 피는 _____을 통해 온몸 구석구석에 산소와 영양소를 공급하고, 몸에서 발생한 이산화 탄소와 불필요한 물질들을 모아 정맥을 거쳐 심장으로 되돌려 보내요.

인체

> 읽어 보아요

41 심장은 1분에 몇 번 뛰나요?

가만히 앉아 있을 때 우리는 **심장**이 뛰는 것을 느끼지 못해요. 하지만 왼쪽 가슴에 손을 대면 팔딱팔딱 심장이 뛰는 것이 느껴지지요. 심장은 1분에 몇 번이나 뛸까요?

심장은 온몸에 피를 보내 주는 펌프로, 1분 동안 약 70번 뛰어요. 심장에서 나온 피는 온몸을 돌며 각 **기관**에 산소와 영양분을 공급해요. 심장이 뛰는 것은 살아 있다는 **증거**예요.

심장은 평소에 늘 같은 속도로 뛰기 때문에 우리는 익숙해져서 심장이 뛰는 것을 거의 느끼지 못해요. 하지만 심장이 뛰는 것을 느낄 때가 있어요. 높은 산에 오르거나 달리기와 같은 운동을 할 때 숨이 가쁘고 심장이 빠르게 뛰지요. 운동을 하면 산소를 많이 쓰기 때문에 몸에 산소를 빨리 보내기 위해 숨을 빨리 쉬고 심장이 빠르게 펌프질을 하는 거예요.

또 깜짝 놀라거나 마음이 떨리고 설렐 때도 빠르게 뛰는데, 이런 경우에는 1분에 120~130번까지 뛴답니다. 심장이 빨리 뛴다고 당장 큰일이 나는 것은 아니지만 심장이 빨리 뛰는 일이 반복되면 건강에 좋지 않은 영향을 줄 수 있어요.

기관	소화를 시키거나 호흡을 하는 등의 기능을 가지고 있는 생물체의 부분.
증거	어떤 사실을 증명할 수 있는 근거.

> 풀어 보아요

1. 우리 몸에서 소화를 시키거나 호흡을 하는 등의 기능을 하는 생물체의 부분을 무엇이라고 하나요?

2. 우리가 심장이 뛰는 것을 잘 느끼지 못하는 이유는 무엇인가요?

   ① 우리가 느끼지 못할 만큼 약하게 뛰기 때문에

   ② 우리 몸 안에서 일어나는 일이라 알 수 없기 때문에

   ③ 너무 세차게 뛰어 우리가 느낄 수 없기 때문에

   ④ 평소에 늘 같은 속도로 뛰어 익숙해졌기 때문에

3. 심장의 운동에 대한 설명으로 맞으면 O, 틀리면 X 표시를 하세요.

   (1) 우리 몸은 정상 상태에서 심장이 1분 동안 약 70번 뛰어요. (　　)

   (2) 심장은 느리게 뛸수록 몸의 건강이 좋다는 신호예요. (　　)

   (3) 등산이나 달리기를 하면 숨이 가빠 심장이 느리게 뛰어요. (　　)

   (4) 깜짝 놀라거나 마음이 떨릴 때는 1분에 120번 이상 뛰기도 해요. (　　)

4. 다음 글의 밑줄에 들어갈 알맞은 말을 써 넣으세요.

   우리 몸의 왼쪽 가슴에는 _____ 이 있어요. 규칙적으로 수축하면서 혈액을 온몸으로 보내는 중요한 기관이지요. 여기서 나온 피는 몸 구석구석으로 퍼져 각 기관에 산소와 영양소를 공급해요.

읽어 보아요

42 낮과 밤은 왜 생기나요?

밤에는 태양이 보이지 않아 캄캄해요. 밤에는 태양이 어디로 가는 걸까요? 사실 태양은 아무 데도 가지 않고 늘 그 자리를 지키며 지구를 비춰요. 지구가 스스로 빙글빙글 돌기 때문에 태양이 보였다 안 보였다 하는 거예요. 우리가 사는 곳이 태양을 마주 보면 밝은 낮이 되고, 반대쪽은 캄캄한 밤이 되지요.

지구는 **자전축**을 중심으로 24시간마다 한 바퀴씩 돌며 1년에 태양의 둘레를 한 바퀴씩 돌아요. 지금 이 순간에도 돌고 있지요. 지구가 도는 속도는 무시무시할 정도로 빨라요. **극점**의 속력은 0에 가깝지만 **적도** 부분은 시속 1,600킬로미터의 빠른 속력으로 돌고 있답니다. 다만 우리가 느끼지 못할 뿐이에요. 기차를 타고 갈 때 눈을 감으면 마치 내가 이동한다는 것을 느끼지 못하는 것과 마찬가지랍니다.

지구본으로 실험을 해 보면 낮과 밤이 생기는 까닭을 금방 알 수 있어요. **지구본**의 한쪽에서 손전등을 비추면서 지구본을 돌려 보세요. 손전등을 비춰 환한 곳은 낮이 되고, 반대쪽은 밤이 된다는 것을 알 수 있을 거예요.

낱말풀이

자전축   지구가 스스로 돌 때 중심이 되는 축.
극점   위도 90도인 남극점과 북극점.
적도   지구 위의 위치를 나타내는 위도의 기준이 되는 선.

> 풀어 보아요

1. 위도의 기준이 되는 선으로, 지구의 남북 양극에서 같은 거리에 있는 지구 표면의 점을 이은 선을 무엇이라고 하나요?

2. 다음 중 우리나라의 서울이 한낮일 때 밤이 되는 도시는 어디인가요?

   ① 중국 베이징   ② 일본 도쿄
   ③ 필리핀 마닐라   ④ 아르헨티나 부에노스아이레스

3. 지구의 운동에 대한 설명으로 맞으면 O, 틀리면 × 표시를 하세요.

   (1) 지구는 자전축을 중심으로 24시간마다 한 바퀴씩 돌아요. (   )

   (2) 지구는 1년에 한 바퀴씩 태양 둘레를 돌아요. (   )

   (3) 지구 극점의 속력은 시속 1,600킬로미터로 매우 빠르지만 적도 부분의 속력은 0에 가까워요. (   )

   (4) 태양이 자전을 하기 때문에 지구에 낮과 밤이 생겨요. (   )

4. 다음 글의 밑줄에 들어갈 알맞은 말을 써 넣으세요.

   > 하루는 낮과 밤으로 이루어져 있어요. 해가 떠서 햇빛이 있는 때가 낮, 햇빛이 없는 때가 밤이에요. 해는 아침에 (1)_____ 하늘에서 떠올라 저녁에 (2)_____으로 져요. 우리는 해가 뜨고 지는 것에 맞춰 생활해요.

우주

읽어 보아요

43 지구의 둘레를 도는 달

지구의 위성인 달은 한 달에 한 번씩 지구 둘레를 돌아요. 달은 스스로 빛을 내지 못하고 태양 빛을 반사해 빛을 내요. 그 때문에 달이 지구 둘레를 돌면서 태양 빛을 반사하는 모습이 우리에게 보이는 면에 따라 밤마다 모습이 조금씩 바뀌지요.

예를 들어 태양-달-지구라는 순서로 일직선에 놓이면, 지구에서는 달이 잘 안 보여요. 태양-지구-달이라는 순서로 놓이면, 태양 빛을 받는 부분이 모두 보여 보름달이 되지요.

달이 변하는 과정을 순서대로 살펴보면, **삭**(달이 안 보임) → **초승달** → **상현달**(반달) → **보름달** → **하현달**(반달) → **그믐달** → **삭**(달이 안 보임)으로 변해요. 달이 다시 원래의 모양으로 돌아오는 데 걸리는 기간은 약 한 달(29.5일)이에요.

지구에서 달까지의 거리는 약 38만 킬로미터예요. 달이 지구 둘레를 타원으로 공전하기 때문에 지구에서 달까지의 거리는 일정하지 않아요. 달이 지구에서 가장 멀어졌을 때는 약 40만 5,000킬로미터, 가장 가까워졌을 때는 약 36만 3,000킬로미터 떨어져 있지요. 달이 지구에 가까워지면 크게 보이고, 멀어지면 그보다 작게 보이지요.

위성 행성의 인력 때문에 그 둘레를 도는 천체.
공전 한 천체가 다른 천체의 둘레를 주기적으로 도는 일.

> 풀어 보아요

1. 지구 둘레를 도는 달처럼 행성의 인력에 의해 그 둘레를 도는 천체를 무엇이라고 하나요?

2. 다음에서 설명하는 달은 무슨 달인가요?

   > 매달 음력 15일 무렵에 나타나는 달이에요. 달의 모양이 공처럼 둥글어요.

   ① 초승달　　　　　　　　　② 상현달
   ③ 보름달　　　　　　　　　④ 하현달

3. 달의 운동에 대한 설명으로 맞으면 O, 틀리면 X 표시를 하세요.

   (1) 달은 한 달에 한 번씩 지구 둘레를 돌아요. (　　)

   (2) 태양-지구-달 순서로 일직선에 놓이면 지구에서 밤에 달이 잘 안 보여요. (　　)

   (3) 달은 지구 둘레를 도는데, 지구에서 달까지의 거리는 항상 일정해요. (　　)

4. 다음 글의 밑줄에 들어갈 알맞은 말을 써 넣으세요.

   > 지구에서는 언제나 달의 한쪽 면만 볼 수 있어요. 달이 지구를 한 바퀴 도는 (1) _____ 기간과 달 혼자 한 바퀴 도는 (2) _____ 기간이 27.3일로 같기 때문이에요.

우주

읽어 보아요

44 계절은 왜 바뀌나요?

태양은 아주 크고 밝으며 뜨거운 불덩어리예요. 우리가 사는 지구보다 109배나 더 크고, 표면 온도는 6,000도나 되지요. 지구는 뜨거운 태양 둘레를 일정한 거리를 두고 돌고 있어요. 그래서 태양의 빛과 열을 알맞게 받아 사람을 비롯한 생명체가 살 수 있답니다.

그런데 지구는 똑바로 돌지 않고 약간 기울어진 채 공전하고 있어요. 지구의 북극점과 남극점을 연결한 **자전축**이 23.5도 기울어져 있지요. 만약 지구의 자전축이 기울지 않았다면 계절은 바뀌지 않을 거예요. 어느 지역이든 일 년 내내 태양열을 받는 양이 똑같을 테니까요. 하지만 지구의 자전축이 비스듬히 기울어진 까닭에 태양과 가까워져 여름이 되기도 하고, 태양과 멀어져 겨울이 되기도 하는 거예요. 그사이에 봄과 가을이 나타나지요.

지구는 23.5도 기울어진 채 태양 둘레를 공전해요. 따라서 태양의 **고도**가 높아지기도 하고 낮아지기도 해요. 태양의 고도가 높을수록 온도가 올라가고, 고도가 낮을수록 온도가 내려가요. 이 때문에 우리나라는 봄, 여름, 가을, 겨울의 사계절이 생긴답니다.

낱말풀이

고도   천체가 지평선이나 수평선과 이루는 각도.

풀어 보아요

1. 지구의 남극점과 북극점을 연결한 직선으로, 스스로 회전할 때 기준이 되는 고정된 중심축을 무엇이라고 하나요?

2. 아래에서 설명하는 행성은 무엇인가요?

> 태양계의 세 번째 행성으로, 태양의 빛과 열을 알맞게 받아 다양한 생명체가 살아요. 물과 대기가 있는 '푸른 행성'으로 불려요.

① 금성　　　　　　　　　② 지구
③ 화성　　　　　　　　　④ 목성

3. 태양에 대한 설명으로 맞으면 O, 틀리면 X 표시를 하세요.

(1) 태양은 크기가 지구보다 109배나 더 커요. (　　)

(2) 태양은 표면 온도가 6,000도나 될 만큼 뜨거운 불덩어리예요. (　　)

(3) 태양이 없어도 지구에는 사계절이 생겨요. (　　)

(4) 태양은 태양계에 있는 여러 개의 별 가운데 하나예요. (　　)

4. 다음 글의 밑줄에 들어갈 알맞은 말을 써 넣으세요.

> 중심 별의 강한 인력으로 궤도를 그리며 둘레를 도는 천체를 _____이라고 해요. 스스로 빛을 내지 못하고, 중심 별의 빛을 받아 반사하지요. 태양계에는 수성, 금성, 지구, 화성, 목성, 토성, 천왕성, 해왕성의 여덟 개가 있어요.

우주

읽어 보아요

45 별은 왜 반짝거리나요?

깜깜한 밤하늘에 고개를 들어 보면 수많은 별이 하늘을 아름답게 수놓고 있어요. 별은 지구에서 아주 멀리 떨어져 있어요. 그 먼 곳에서 어마어마한 **에너지**를 내뿜어 지구의 밤하늘에서도 빛을 내지요. 그런데 별은 왜 반짝거리는 걸까요?

별이 반짝거리는 것은 별빛이 먼 우주에서 하늘을 뚫고 오기 때문이에요. 실제로 별이 반짝거리지는 않아요. 별이 반짝거리는 것처럼 보이는 까닭은 빛의 굴절과 지구를 둘러싼 대기의 움직임 때문이에요. 물이 담긴 유리컵에 빨대를 꽂으면 빨대가 꺾여 보여요. 이것은 빛이 공기 속을 지나가다가 다른 물질인 물을 만나 빛의 방향이 꺾였기 때문이에요. 이것을 '빛의 굴절'이라고 해요.

별빛도 마찬가지예요. 대기가 없는 우주 공간에서 빛나는 별빛은 지구를 둘러싼 대기층을 통과할 때 굴절돼요. 그런데 대기는 가만히 있지 않고 계속 움직여요. 따라서 대기의 흐름에 따라 별빛이 굴절하는 정도가 일정하지 않아 반짝거리는 것처럼 보인답니다. 그래서 우리는 별(★)을 끝이 뾰족한 모양으로 그려요. 하지만 실제로 별은 태양처럼 둥근 모양이에요.

낱말풀이

굴절 소리나 빛의 파동이 경계 면에서 진행 방향이 바뀌는 현상.

풀어 보아요

1. 소리나 빛의 파동이 경계 면에서 진행 방향이 바뀌는 현상을 무엇이라고 하나요?

   ☐☐

2. 별이 낮에는 안 보이고 밤에만 보이는 까닭은 무엇인가요?

   ① 별은 어두운 밤에만 빛나기 때문이에요.
   ② 별이 낮에는 에너지를 아끼느라 쉬기 때문이에요.
   ③ 밤에 빛을 내느라 에너지를 다 써 버렸기 때문이에요.
   ④ 낮에는 태양 빛이 너무 밝아 별이 보이지 않기 때문이에요.

3. 별에 대한 설명으로 맞으면 O, 틀리면 × 표시를 하세요.

   (1) 태양처럼 스스로 빛을 내는 항성을 별이라고 해요. (　)
   (2) 별은 우리가 그리는 그림처럼 끝이 뾰족한 모양으로 되어 있어요. (　)
   (3) 별은 밤에는 태양 빛을 반사해 빛을 내기 때문에 밝아요. (　)
   (4) 별빛은 지구를 둘러싼 대기층을 통과할 때 굴절돼요. (　)

4. 다음 글의 밑줄에 들어갈 알맞은 말을 써 넣으세요.

   > 하늘의 별을 찾기 쉽게 몇 개씩 이어서 그 모양에 동물, 물건, 신화 속 인물 등의 이름을 붙여 놓은 것을 _____ 라고 해요. 큰곰자리, 사자자리, 오리온자리 등이 있어요.

쑥쑥 쏙쏙 문해력 완성 ❼

사칙 연산 퍼즐

덧셈, 뺄셈, 곱셈, 나눗셈을 이용해서 하는 셈을 사칙 연산이라고 해요. 다음 식을 잘 보고 번호가 쓰인 곳에 들어갈 수를 써 보세요.

1.

7	+	①	=	15		
		×		÷		
5	−	2		②		44
×		=		=		÷
8		③	−	5	=	④
=						=
⑤	+	8	=	48		⑥

2.

		①	−	5	=	15
				×		
21	−	②	=	③		8
÷		+		∥		×
④		90	÷	⑤	=	2
∥		∥				∥
3	×	⑥	=	⑦		⑧

정답

01 1. 물체 2. ④ 3. 빨간색: 축구공, 지우개, 동화책, 안경, 프라이팬 파란색: 고무, 나무, 플라스틱, 유리, 금속 4. ①-ⓒ ②-㉠ ③-ⓛ

02 1. 상태 변화 2. 빨간색: 의자, 장난감 블록, 얼음, 고무장갑 파란색: 물, 음료수, 석유, 참기름 노란색: 공기, 수증기, 이산화 탄소, 산소 3. ① 4. ①-ⓛ ②-ⓒ ③-㉠

03 1. 혼합물 2. ③ 3. ② 4. 증발

04 1. ② 2. ④ 3. (1) × (2) × (3) ○ (4) ○ 4. 잠수함

05 1. 중력 2. ③ 3. (1) ○ (2) ○ (3) × 4. 부력

06 1. 원심력 2. ④ 3. (1) × (2) × (3) ○ (4) ○ 4. 이탈리아

07 1. 그림자 2. ① 3. (1) ○ (2) ○ (3) × (4) × 4. 달

08 1. 자기 2. 빨간색: 가위, 쇠못, 클립, 용수철, 철사, 깡통 파란색: 지우개, 연필, 거울, 동전, 종이컵, 비커 3. (1) × (2) ○ (3) ○ (4) × 4. 나침반

09 1. 성대 2. ③ 3. (1) ○ (2) × (3) × (4) ○ 4. 데시벨(dB)

10 1. ④ 2. ①-㉣ ②-ⓒ ③-ⓛ ④-㉠ 3. (1) ○ (2) ○ (3) × 4. 풍선 불기, 바람개비 돌리기, 연날리기

11 1. 지하수 2. ④ 3. (1) ○ (2) × (3) × (4) ○ 4. 물의 순환

12	1. 빨강, 주황, 노랑, 초록, 파랑, 남색, 보라 2. (1) ○ (2) × (3) ○ 3. ① 4. 산란
13	1. 구름 2. (1) ○ (2) ○ (3) × 3. ④ 4. 번갯불
14	1. 프리즘 2. (1) × (2) ○ (3) ○ 3. ③ 4. 무지개
15	1. 노을 2. ③ 3. (1) ○ (2) ○ (3) × (4) × 4. 수평선
16	1. 소행성 2. 빨간색: 데이노니쿠스, 알로사우루스, 티라노사우루스 파란색: 트리케라톱스, 브라키오사우루스, 스테고사우루스 3. (1) ○ (2) ○ (3) × 4. 화석
17	1. 염전 2. ③ 3. (1) ○ (2) ○ (3) × 4. 소금
18	1. 기수법 2. (1) × (2) ○ (3) ○ 3. ①-ㄷ ②-ㄱ ③-ㄴ 4. 아라비아숫자
19	1. 탈레스 2. ② 3. (1) × (2) × (3) ○ (4) ○ 4. 옷감(섬유), 종이(나무), 곡식(쌀, 보리쌀 등)
20	1. ∞ 2. (1) 짝수 (2) 짝수 (3) 홀수 3. (1) ○ (2) × (3) ○ (4) × 4. (1) 짝수 (2) 홀수
21	1. (1) 천 (2) 이만 (3) 삼백만 2. 1 3. ④ 4. ②
22	1. 삼각형 2. (1) ○ (2) ○ (3) × 3. ①-ㄷ ②-ㄱ ③-ㄴ 4. 세모

23 1. 곡선 2. ③ 3. ①-ⓒ②-ⓓ③-ⓔ④-ⓐ 4. 직선

24 1. 들이 2. ④ 3. ② 4. 1ℓ 240㎖

25 1. ① 2. (1) 1/2 (2) 1/3 (3) 1/9 3. ③ 4. 분모

26 1. 금성 2. ①-ⓓ②-ⓐ③-ⓑ 3. ③ 4. 나흘

27 1. ② 2. ③ 3. (1) ○ (2) ○ (3) × (4) × 4. 너비(또는 폭)

28 1. 60진법 2. ① 3. (1) 10시 5분 (2) 10시 45분 (3) 2시 25분 (4) 6시 30분 4. 손목시계

29 1. 관람 2. ② 3. ①-ⓒ②-ⓓ③-ⓔ④-ⓐ 4. ②

30 1. 여러해살이 식물 2. 빨간색: 느티나무, 은행나무, 목련, 개나리, 소나무, 은행나무 파란색: 명아주, 민들레, 나팔꽃, 애기똥풀, 수박, 토끼풀 3. (1) 나무 (2) 공통 (3) 풀 (4) 나무 (5) 공통 (6) 풀 (7) 나무

31 1. 엽록소 2. 빨간색: 뽕나무, 단풍나무, 밤나무, 떡갈나무 파란색: 소나무, 전나무, 대나무, 향나무 3. ④ 4. (1) 침엽수 (2) 활엽수

32 1. 계란 2. (1) ○ (2) × (3) × (4) ○ 3. ② 4. 병아리

33 1. 나이테 2. ③ 3. (1) ○ (2) × (3) × (4) ○ 4. 사계절

34 1. 적응 2. (1) ○ (2) × (3) ○ (4) × 3. ② 4. 가시

35 1. 아가미 2. (1) ○ (2) ○ (3) × (4) × 3. ④ 4. 양서류

36 1. 번데기 2. 빨간색: 풍뎅이, 사슴벌레, 나비, 파리, 무당벌레, 모기 파란색: 사마귀, 하루살이, 노린재, 매미, 잠자리, 메뚜기 3. ④ 4. (1) 애벌레 (2) 어른벌레

37　1. 여의봉　2. (1) ○ (2) × (3) × (4) ○　3. ③　4. 삼장 법사

38　1. 자기장　2. ②　3. ①　4. (1) 겨울새(겨울 철새) (2) 여름새(여름 철새)

39　1. 난태생　2. 빨간색: 개구리, 붕어, 독수리, 도마뱀, 잠자리, 닭　파란색: 고양이, 기린, 다람쥐, 고래, 캥거루, 원숭이　3. (1) ○ (2) × (3) × (4) ○　4. ④

40　1. 헤모글로빈　2. ③　3. (1) 동 (2) 정 (3) 동 (4) 정　4. 모세 혈관

41　1. 기관　2. ④　3. (1) ○ (2) × (3) × (4) ○　4. 심장

42　1. 적도　2. ④　3. (1) ○ (2) ○ (3) × (4) ×　4. (1) 동쪽 (2) 서쪽

43　1. 위성　2. ③　3. (1) ○ (2) ○ (3) ×　4. (1) 공전 (2) 자전

44　1. 자전축　2. ②　3. (1) ○ (2) ○ (3) × (4) ×　4. 행성

45　1. 굴절　2. ④　3. (1) ○ (2) × (3) × (4) ○　4. 별자리

쑥쑥 쏙쏙 문해력 완성 정답

1. 자기소개 하기

2. 비슷한말, 반대말

1   (1) 가꾸다-꾸미다 (2) 마치다-끝내다 (3) 설레다-두근거리다

       (4) 야무지다-다부지다 (5) 옮기다-이동하다 (6) 이바지하다-기여하다

2   (1) 낮-밤 (2) 밀물-썰물 (3) 이상-이하 (4) 찬성-반대

       (5) 철새-텃새 (6) 홀수-짝수

3. 동물 그림 알아맞히기

    (1) 펭귄 (2) 다람쥐 (3) 곰 (4) 토끼 (5) 고양이 (6) 타조 (7) 하마 (8) 악어

4. 접속사

    1. 그래서 2. 그리고 3. 그러나 4. 그러나 5. 그런데 6. 그래서 7. 그러나

    8. 그리고

5. 수수께끼 낱말 퍼즐

6. 낱말 색칠하기

1   밤중, 한참, 사흘, 어제, 오래, 그저께, 내일, 이따가
2   바람, 안개, 풀잎, 노을, 선인장, 철새, 나비, 소나기

7. 사칙 연산 퍼즐

1   ① 8 ② 3 ③ 16 ④ 11 ⑤ 40 ⑥ 4
2   ① 20 ② 12 ③ 9 ④ 7 ⑤ 45 ⑥ 102 ⑦ 306 ⑧ 16

쏙쏙 문해력 퀴즈 ❷

초판 1쇄 발행 2023년 5월 29일

글쓴이 김현 | **펴낸이** 이수빈
총괄본부장 김영숙 | **마케팅** 고예찬 | **경영지원** 손향숙

펴낸곳 주식회사 파란등대
주소 경기도 파주시 심학산로 628, 814호
전화 (031)942-5379 | **팩스** (031)942-5378
홈페이지 yellowpig.co.kr | **인스타그램** @bluelighthouse_pub
등록번호 제2021-000038호 | **등록일자** 2021년 3월 22일

ISBN 979-11-92277-22-6 73700

* 이 책의 그림과 글의 일부 또는 전부를 재사용하려면 반드시 주식회사 파란등대의 동의를 얻어야 합니다.
* 값은 표지 뒷면에 있습니다.
* 책 모서리가 날카로우니 던지거나 떨어뜨리지 마세요.

파란등대는 널따란 바다에서 길을 찾아주는,
지식의 길잡이와 같은 책을 펴냅니다.